緒方貞子という生き方

Sadako Ogata

黒田龍彦

KKベストセラーズ

「緒方貞子という生き方」

装幀——川畑博昭

緒方貞子

Sadako Ogata

1927年、東京都生まれ。聖心女子大学文学部卒、ジョージタウン大学卒、カリフォルニア州立大学バークレー校大学院政治学専攻博士課程修了。74年、国際基督教大学助教授。76年、日本女性初の国連公使、78年には国連特命全権公使となった。78〜79年、国連児童基金（ユニセフ）執行理事会議長。80年から上智大学教授、87年、同大国際関係研究所長、89年、外国語学部長。この間、82〜85年、国連人権委員会日本政府代表。91年1月、第8代国連難民高等弁務官に就任。日本人2人目（女性初）の国連トップとなる。2000年12月、退官。2001年、アフガニスタンの難民救援や復興支援を担当する首相特別代表に就任。2002年1月、東京で開催されたアフガニスタン復興支援国際会議では議長を務めた。現在、ニューヨークのフォード財団研究員。著書に『戦後日中・米中関係』、『対訳　アメリカ合衆国憲法』などがある。

ニューヨークの国連本部で「人間中心の取り組みを創造」との会見をする前国連難民高等弁務官・緒方貞子さん［2001年6月11日］

緒方貞子という生き方◎もくじ

Part 2 難民救済に懸けた十年

〝人間のあり方〟を考えるのはもっとも大切なこと

Part 3 女だったからこそできたこと
世界が向けた〝聖母〟への視線

Part 4 難民を救うことは地球を救うこと

いまなおこの星で起きている戦争

写真……毎日情報サービスセンター
共同通信

はじめに●二十世紀に世界でもっとも活躍した日本人女性

二十一世紀を迎えた世界はいま、史上空前の大量難民時代を迎えている。一九六〇年には百四十万人だった難民が、七〇年は二百五十万人、八〇年は八百二十万人、九〇年は千七百万人というように、九〇年代になってからはとくに激増し、現在はおよそ二千二百万人以上にも膨れ上がっている。

冷戦後に多発した地域紛争は、難民問題をさらに複雑化させ、国際政治の重要課題となっている。民族対立や内戦が、次々と新たな難民を生んでいるのだ。

〝難民の世紀〟と呼ばれた二十世紀の最後を締めくくる激動の十年を、ある一人の女性が厳しい目で見続けてきた。

海外のメディアが〝小さな巨人〟と呼んだその女性こそ、緒方貞子さんである。

緒方さんは、それまでになかった独自の方法をつくり上げ、〝難民救済の母〟となって世界中の困窮《こんきゅう》と闘ってきた。

民間からの援助を引き出して人道大国・日本へと導いた手腕《しゅわん》をはじめ、これまでも幾度《いくど》となくその存在を世界に知らしめてきた彼女の偉大な功績もさることながら、まずその驚くべきところの発端は、彼女がそうした仕事に直接取り組むようなったのは六十歳を過ぎた時点から出発していることにある。

なぜ彼女はそのような人生を歩むことになったのか。

彼女はあるとき突然に脚光を浴びるようになったわけではない。それまでの長い年月、じっくりとその準備を怠《おこた》らずに努力してきた。

そもそも緒方さんと難民問題とのかかわりは、六三年に国連総会に参加し日本政府の国連総会代表団の一員として第三委員会に出席したときに始まる。

そして七六年、国際基督教大学で国際政治学専攻の助教授をしていた緒方さんは、当時の三木武夫内閣の「女性も外交畑に」という公約を受けて国連公使としてニューヨークに渡り、日本政府代表を四年間務めた。また、ユニセフ執行理事会議長も三年間ともに務め、国連の仕事には総会と同時に事業活動の側面からも触れてきた。〝日本初の女性公使〟と騒がれてから〝初〟がつきものの人生となり、今日まで十数人にもおよぶ歴代首相とわたり合うことになる。

日本が好景気に盛り上がった八〇年代も過ぎ去った頃、人道援助活動に対する日本の貢献に、国際社会はかつてない期待を寄せていた。

国連や国家機関に対しては、民間の人道支援団体の現場スタッフから組織の肥大性と硬直性を指摘する声も出されていた。日本の対応の遅さも、厳しく指摘されることが少なくなかった。

「難民問題は〝心はあたたかく、頭はクールに〟です。相手を思う気持ちは大事ですが、それだけで政策を行なってはいけません。民間には柔軟性のある強みがあります。国連や政府機関は規模も違うし、建前やバランスが必要になりますが、グローバルな取り組みができます。どちらにも組織の利点と限界はあります」

七九年に緒方さんがカンボジア難民現地調査団の団長として現地を訪問した十年前には、日本の難民救援活動はほとんど皆無に等しかった。彼女が動き始めてからは、以前と比べものにならないほどの前進を見せたのだ。八九年には、日本が出す援助金の額もアメリカに次いで世界第二位となった。

九〇年には、緒方さんは首相や外相経験者が多い国連難民高等弁務官（ＵＮＨＣＲ）に選出された。日本人の女性が国連機関のトップに立ったのは初めてのことである。彼女にとって、難民保護は初めての仕事だった。

その後の十年、彼女は徹底した現場主義を貫き、当事者たちの声に耳を傾けた。身長は百五十センチと小柄ながらも重さ十五キロの防弾チョッキを着て、カンボジア、ミャンマー、イラン、サラエボ、ボスニア、ソマリア、ルワンダ、ユーゴスラビア、ティモール、中南米、アフガニスタンなどの紛争地帯を歩きまわった。

彼女はイギリスの『エコノミスト』誌に〝ラスト・リゾート（最後の頼み）の女性〟と讃《たた》えられ、九五年にはユネスコ平和賞を受賞した。ノーベル平和賞や国連事務総長、そしてわが国の首相候補にも名前が挙がった。その後もさまざまな高官のポストに推薦されたが辞退を繰り返し、けっして現場を離れることを望まなかった。

二〇〇二年一月にはアフガニスタン復興支援会議の共同議長を務め、二月の田中真紀子前外相の更迭《こうてつ》に伴う新外相候補として挙げられ、大きく騒がれたことは記憶に新しい。現在はフォード財団研究員という肩書きを持つ。

彼女にとっては〝権威〟など眼中になかった。彼女が長い間にわたって唯一求めていたものは、まさに〝人間の尊厳〟だった。

「慈善援助といっても、一方的にただかわいそうだから助けてあげるのではなくて、大切にすべき人間の尊厳というものをまっとうするためにあらゆることをして守らなくてはいけないと思います」

緒方さんの難民問題への姿勢は、けっして悲観せず、焦らず、急がず、着実にこなしていく――それは、彼女の生き方そのものだった。

Part 1

「理想の国際人のつくり方」

〝戦前の帰国子女〟と家族の肖像

生まれ育った環境が導いた学問への関心

一九二七年、緒方貞子さんは東京・麻布で外交官の家に生まれた。

緒方さんの母方の祖父は駐仏大使から後に外相になった芳沢謙吉《よしざわけんきち》さん、父は駐フィンランド公使の中村豊一《なかむらとよかず》さん、伯父は駐米大使の井口貞夫《いぐちさだお》さん、曾祖父は元総理大臣の犬養毅《いぬかいつよし》である。

当時は強引な対外政策が批判され、日本が国際社会のなかで徐々に孤立していった、戦争前夜の微妙な時期だった。

三二年五月十五日、官邸と棟続きの公邸で犬養首相が軍の銃弾に倒れた。まだ四歳で、外交官の父に連れられアメリカにいた緒方さんに事件の記憶はない。しかし祖母からよく当時の政治状況を聞かされて育った。

アメリカで五年間を過ごした緒方さんは帰国後、再び父親の転勤で十歳まで中国へ移住した。その後、小学校四年生のときに香港からの帰国子女として聖心女子学院に転入し、大学を卒業するまでは日本に住み、完全に日本人としての教育を受けて育った。

父親は中国・福州、香港などの総領事も務めていたが、そのときもアメリカから日系二世の人が英語の家庭教師として家族に加わっており、家の中では英語がごく日常的な言葉となっていた。せっかく英語に慣れた子供たちに「忘れさせたくない」という親心があった。父親の書棚は外交関係の洋書で埋め尽くされていた。教育熱心な父親の姿勢が、緒方さんのその後の志の礎を築いた。

緒方さんは父親の心遣いをいまでもありがたく感じている。

子供のころ、外国から日本に帰ってくると必ずする〝銀ブラ〟が、非常に明るい感じがしていちばん楽しかったという。麻布の縁日などにも家族でよく出かけた。

海外で暮らしながら祖父や父親の姿を見つめてきた緒方さんは、ものごころついたころから〝世界のなかの日本〟という問題を胸に刻み込んでいた。

緒方さんは幼少期にはアメリカと中国にいたので、戦前の日本を外から見ていた。

中国では、日本人が特殊な状況の下で租界に暮らしているなかにいたので、戦前の日本と中国との関わり合いというものを実感している。

太平洋戦争が始まったときは、

「あんな大きなアメリカと日本が戦争してどうなるんだろう」

と疑問に思い、戦争の最中は中学校にいて、自分なりに特攻隊の精神に応えて何かしなければならないという気持ちになった。

軍需工場動員世代でもある緒方さんは、両親たちがかなり冷めた目で戦争を見ているのに多少反発を覚えたこともある。そして何よりも敗戦が大きなショックだった。どうしてそうなったのかを自分で見極めたいという気持ちが、日本の外交に強い関心を持つきっかけになった。

緒方さんの父親は〝これからは女もずっと勉強したほうがいい〟という考えの持ち主だった。学校の授業で使っていたイギリスから取り寄せた教科書が、戦争で入手できなくなると、多感な娘のために独自に手に入れようと努力した。女は早くお嫁に行ったほうがいいという当時の風潮のなかで、そんな父親を羨ましく思う女友達も少なくなかった。

十八歳のとき、軽井沢で終戦を迎えたが、戦時下でも英語の勉強は欠かさなかったという。

戦後、聖心女子大学が創設され、緒方さんは英文科の第一期生となった。結婚への憧れはさておき、勉学の道を選んだ。敬虔《けいけん》なカトリック信者でもあった緒方さんは聖心女子大学を卒業後、アメリカのジョージタウン大学大学院に留学した。

〝日本はどうして戦争を始めたのか〟という思いが国際政治を専攻させ、国際関係論を学び、政治学の博士号を取得した。博士論文のタイトルは『満州事変と政策の形成過程』である。今世紀に太平洋戦争を舞台として起きたもっともドラマティックな国際政治事件を研究テーマに選んだ理由について、こう振り返った。

「私たちの世代にとってあの戦争は愚かすぎて、日本が自己を破滅に導くような膨張政策を採らなければならなかった理由を確かめたかったのです」

緒方さんだけに限らず、昭和一ケタ生まれの世代の多くは、影響を受けたこの大きなテーマを解明しようと研究に励んだ。

外交の孤立で自縄自縛に陥り、軍部の台頭に政治が翻弄《ほんろう》された時代をつき進んだ〝大日本帝国とは名ばかりのアジアの小国〟について考えることが、政治家と外交官の血を受けた緒方さんの原点にあった。

そのころから〝国際派〟だった彼女の問題意識は、その後に人生を懸けることになる〝憂国の情〟にも通じた。

「確かに、敗戦後の日本に見られた自由と民主主義の風潮は、私の目を外に向け、かなりの女子学生は留学を志しました」

当時はキング牧師などに代表される人権運動が開花した、絢爛《けんらん》たるアメリカの理想主義の時代だった。自由と平等を求める人々の熱い想いに触れたことも貴重な体験だった。

彼女は戦後の女性留学生の草分け的な存在だった。留学中には、戦後初の女性国会議員となった藤原道子さんの通訳も務め、卓越した語学力にさらに磨きをかけた。

「私は当時、世界に君臨していたアメリカの自由と寛容な精神に大きな感銘を受けました。その後は日本に帰り、むしろ自分のルーツを確かめたいと、日本政治・外交史の研究に専念しました。日米関係、日中関係、アジア外交をテーマに勉強し、どうやって人が政策決定をするのかという政策決定過程の理論も研究しました」

といったん帰国して東大特別研究生として岡義武《おかよしたけ》教授からみっちりと学んだのち、五六年に緒方さんはロータリークラブの留学生試験に百点満点で合格した。当時、この留学生試験に選ばれるのは、年間を通じて全国でたった一人だった。その後に再び渡米し、カリフォルニア大学バークレー校大学院博士課程に学んだ。五年後には博士号を取得した。

かつての同級生の一人は、当時の緒方さんについてこう語った。

「すごく温厚で、賢明な女性でした。軽はずみなもの言いをけっしてしなかったことも印象に残っています。あのころから英語はペラペラで、アメリカ人の学長の授業も完璧に理解して、友人に教えてあげたりしていました」

留学先では速読術をマスターし、アメリカ人の大学院生と同じスピードで英文を読めるまでになった。

「私の学校生活はアメリカで始まり、アメリカで終わりました」

そう振り返った緒方さんの生いたちが、結果として国際舞台で活躍することに幸いした。国籍不明の立場でなく、日本人としての足場を固めていることが、国際関係のなかで客観的に物事を考えるときに役立つものとなった。

「私が学問を職業とすることになったのは、もちろん学術研究に強く引かれたからです。でも、いまから思えば当時それほど多くの職業が女性に開かれていなかったからかもしれません。教育に熱心であった私の父は、〝女性が職業を持つことは無理だろう。しかし家庭と両立できる副業を持つことは大切だ〟と言って学問を続けることを勧めてくれました。いまのような幅広い職業選択ができる時代だったなら、私はジャーナリスト、外交官、あるいは国際公務員を希望していたかもしれません」

外交官の父を持つ環境がつくった〝外側に向けられる視野〟と、学問研究への強い関心が育んだ〝内側に向けられる探求心〟がバランスよく調和したかたちで、その後の緒方さんの進む道をつくっていった。

女の長い人生のうちの一部にすぎない結婚

緒方さんの二十代は、研究に明け暮れる日々だった。いわゆる適齢期の娘が結婚せずに進学したいという願いを両親は快諾し、あたたかく見守った。学問に身を捧げる努力家の娘を誇りに思う、時代を先取りする家庭だった。

「父はそういうことにこだわるタイプではなく、娘を完全に独立した個人として扱ってくれていましたね。留学生試験を受けることにも積極的に賛成してくれていますし、私が学問の分野に興味を持つのをじつに快く認めてくれていた気がします」

六〇年、緒方さんは三十三歳のときに結婚した。当時にしては晩婚だった。東大時代に知り合った同い年の夫の緒方四十郎《しじゅうろう》さんは、吉田茂《よしだしげる》内閣で副総理を務めるなど戦後政治のリーダーの一人だった緒方竹虎さんの三男で、日本開発銀行のエリートである。血脈を遡《さかのぼ》ると、幕末の蘭学・医学者、緒方洪庵《こうあん》に辿りつく。ともに政界一家だけに見合い結婚かと思いきや、二人は熱烈な恋愛結婚である。仲人も立てない、自由な気風あふれる結婚だった。夫とは結婚後も勉強を続けるという約束をした。

「私たちとしては、ちょうど適齢期でした」

二人ともアメリカ留学を終えてひと段落したころだった。

日銀マンだった四十郎さんには当然、転勤もあった。新婚の二人は、大阪へ移った。緒方さんにとっては、日本で東京以外の街で暮らすのは初めてのことだった。さらに、大阪での生活に慣れたころに長男も生まれ、夫はロンドンへ移った。

そのときちょうどカリフォルニア大学で博士号を取得する直前だった緒方さんは、四十郎さんに頼んで、赴任のコースをアメリカ経由にしてもらった。引っ越しの旅の途中で、面接試験を受けようというわけだ。

もちろん、赤ん坊を抱いて面接を受けるわけにはいかない。試験への準備も育児の合間を縫って続けた。

カリフォルニアに着くと、留学時代の友人や知人に赤ん坊の世話を頼んで、面接試験へ行った。論文提出の時点では未婚だった緒方さんが、面接のときは一児の母となっていた。

「こういう例は珍しいんじゃないかしら?」

と苦笑いで振り返った緒方さんは、見事に試験に合格し、ママさん博士となった。

さらに、博士論文が日本でも出版されることが決まってからも、家庭と仕事を両立させての奮闘は続いた。

原稿を受け取りに出版社の人が訪れると、まだ三歳の長男が緒方さんのかたわらで机に向かってノートにミミズのような線を書いて、「これを渡してちょうだい」とせがんで緒方さんを困らせたこともあった。

そんな日々を応援したのは、緒方さんの研究の最大の理解者であり、かつもっとも厳しい読者だった四十郎さんである。彼女に「博士論文を日本語で本にしたらどうか」と勧め、出版の交渉役を買って出てさまざまなアドバイスを与えたのも彼自身だった。「あとがき」には、こう締めくくられていた。

「両親、夫、息子は、私がこの研究を試みなければ、いま少し多くの孝養を受け、いま少し落ち着いた家庭生活を楽しみ、いま少し母親と遊ぶ時間を持つことができたのではないかと思う。とくに夫四十郎は本稿を通読して、修正加筆の労をとった。その意味において本書は家族ぐるみの努力の成果である」

夫婦はお互いの能力とやさしさを認め合っていた。夫は〝さだ〟、妻は〝四十郎さん〟と呼び合った。夫がいばりちらすことはなかった。男女平等という意識を強く持った夫婦だった。

息子と娘を産んだ後も、母親に子供の面倒を見てもらいながら、勉強と仕事を続けた。

帰国後の六五年には、緒方さんは国際基督教大学の非常勤講師の職に就き、七四年から七九年までは準教授として国際政治学の教鞭を執った。学者としての研究に本格的に没頭した。教師という仕事については、こう振り返っている。

「両親と夫の支援、よき恩師の指導を得て、私は二十数年間、大学で教えることができました。非常勤講師であった時代も長かったですが、常に自分の専門であった外交史、国際関係論の分野で講義も研究も続けられたことは幸いだったといまでも思っています。また、私が教えた学生のなかから、国連や開発援助機関に勤める人たちがかなり出たことも、教師冥利に尽きるうれしいことです」

ところがその後、「常勤講師に」と昇進を持ちかけられた緒方さんは、それを断わってしまった。理由は、四十郎さんが岡山支店に転勤になったことと、娘の育児に手がかかるからというものだった。

チャンスを棒に振った格好になったが、緒方さんには迷いも後悔もなかった。

当時から、教え子の女子学生たちに口癖のように話していた言葉がある。

「女性には男性と違うサイクルがあるの。だから、焦って目標を決めてしまうより、自分のサイクルで生きながら長期戦でかまえたほうがいい」

フルタイムで働き始めたのは四十歳を過ぎてからのことだった。それまでは非常勤講師と研究生活を続けた。

「女性は人生が長いんだし、長いスパンで考えればいい」

ファイトを尽くすことを教えてくれたテニス

緒方さんの趣味は、週末の寸暇を見つけてのテニスである。高校生だったころから、大手門のなかにあった〝パレスクラブ〟というテニスクラブでコーチを受けていた。現在も日本女性テニス連盟の名誉会員でもある。

「健康法はテニス。短い時間でたくさん運動ができるのがいいですね。大学時代に打ち込みすぎて、大学院で勉強しなければなりませんでした。テニスで得たものは、最後まで勝つために全力を尽くすファイトよ」

と振り返った。

第一回の入学生だった聖心女子大のテニス部といえば、皇后美智子さまも所属していて、総代を務めた緒方さんとは先輩・後輩の間柄だ。緒方さんがテニスの名手であることもさることながら、美智子皇后のテニス相手を務めていたことはあまり知られていない。美智子さまは、緒方さんをとても尊敬されていて、しばしば国際情勢のレクチャーを受けておられたという。

また、緒方さんは学生時代からテニスをする「北友倶楽部」に入会していた。この会は戦前三井ご本家の内輪の会だったが、戦後、三井八郎右衛門翁が世相の混迷を憂い、とくに物心ともに欠乏した若者たちの将来をおもんぱかって私財を投じ、東京・港区霞町の土地に本格的なテニスクラブとして発足した。

当時の会長は小脇源次郎さんで、日本一の高齢者プレーヤーだったこともあり、マナーも厳しい人だった。三井家の家族の三井高実さん、公乗さん、之乗さんの三兄弟、長女の久子さん（日本セメント取締役浅野久弥夫人）たちがまめに会員の面倒を見た。会員は、後藤達郎さん（ホテルオークラ社長）、角谷清さん（フィリピン大使）、角谷泰さん（東京クレジット社長）の兄弟、服部一郎さん（セイコー電子社長）、小林陽太郎さん（富士ゼロックス社長）、和田昭允さん（東京大学理学部教授）、栗山尚一さん（マレーシア大使）、山田隆英さん（運輸省航空局長）などだった。

会員のほとんどはまだ学生だったが、みんな和気あいあいと帰りに喫茶店で雑談したり、ときには人生の目的意識などを論じ合うことも多かった。またテニスの腕前はともかく、ヨットの学生名人・新正一さん（新工務店社長）、山田進康さん（山田工務店社長）、倉田昌治さん（三菱瓦斯化学取締役）などは当時の流行の先端を走っていた。

このように多方面への親睦を図る機会も多い楽しい会だったが、無償で三井家から提供された土地にも限界があり、六二年、解散のやむなきに至った。しかしこの間、三井翁の高邁《こうまい》な思想と恩恵に浴した会員たちは、その多くが社会の第一線で活躍するようになり、また家庭夫人として内助の役割を果たしている。

テニスのプレーには人柄が出る。短気な人は待つことができない。持ち前の負けず嫌いの性格がプレーにもよく表れた。年齢が自分の半分で身長がはるかに大きい相手に食らいつき、打ち負かすことも度々だった。緒方さんのテニスは粘るところは粘り、打つところは打つ。とてもしっかり計算されたプレーだったという。二十代のころは全日本クラスのプレーヤーだったし、パレスクラブの試合では決勝までいったこともあった。すごくステディなテニスで、ガンガン打つよりは、どんな球にも食いついていく。でもたまに意表を突くような球をシュッと打った。

結婚してからは、四十郎さんもクラブに顔を出すようになった。四十郎さんも彼女の影響で始め、よく一緒に楽しくテニスをした。周囲から二人はとても理想的な夫婦と羨ましがられていた。夫は常に妻を立て、

「私はいつも彼女の後ろにくっついてますから」

などと笑い、周囲にウィットに富んだ楽しい印象を与えた。

緒方さんはとても活発ではあったが、若いころからとても落ち着いた性格だった。何をするにも普通で、なにげない人だった。

その数十年後のジュネーブでのテニス相手はもっぱら外交団となったが、その外交官が舌を巻くのは、テニスの巧さもさることながら、招待された集まりには余程のことがない限り顔を出すそのマメさぶり、身の軽さと若さにある。

難民を助けるために世界中を飛びまわったそうした体力は、若いころに鍛えた瞬発力がつくり出していた。

緒方さんは、いまでもリフレッシュのためにテニスを続けている。いまだに、がっしりした体格の三十代の男性も歯が立たないほどの腕前だという。五十年以上のテニス歴がパワーの源だ。

家族を第一に考えたうえでの新たな挑戦

研究生活を続けていたなか、六八年、緒方さんはやってきた転機を迎え入れた。

国際婦人年のころ、女性の権利や政治浄化、平和を訴え続けていた故市川房枝《いちかわよしえ》さんに、国連総会の日本政府代表団に参加するように強く勧められたのだ。

しかしそのときも緒方さんは、海外出張で三カ月も家を空けることにためらいを感じ、逆に

国際基督教大学助教授だったころ、「女性も外交畑に」と三木首相の公約の第一陣として国連公使になった［1976年2月16日］

四十郎さんからの「家はだいじょうぶだから、行くべきだ」との忠告に背中を押されたほどだった。

また、子供を置いていく決心がつかず迷っていたときに父親が、

「迷っていても結論は出ないから、まず行こうと決めて、そのうえで問題点は何かと考えるように」

とアドバイスをしてくれたのを、緒方さんはいまでも感謝している。

それが彼女が国連に関わった最初の仕事だった。国連に女性を送りこもうという市川さんの熱意の成果でもあった。

けれども、翌年に再び国連総会への参加を打診されたときには、育児に忙しいという理由で断わってしまった。

しかしながら、激動する国際社会の最前線を目の当たりにしたことは、時代の追い風が吹き始めた緒方さんに大きな印象を与えた。

当時、四十郎さんは国連本部のあるニューヨークに支店長として単身赴任中だった。そのため緒方さんは、家族一緒に過ごせるから好都合だと公使の話を承諾したという。これが〝サダコ・オガタ〟の名前が世界に知れわたるきっかけとなった。

しかも、日本に残りたいという中学一年生の長男を説得するために、ロサンゼルスのディズ

ニーランドに連れていって、

「ね？　アメリカっておもしろい国でしょ」

と納得してもらった。ニューヨークでやっと家族がそろう。どこまでも家庭を第一に考えた。

七五年、国際基督教大学の准教授だった緒方さんは国連公使として姿を変え、夫を追いかけてニューヨークに渡った。日本初の女性公使の誕生だった。ここにも家族が深くかかわっていたのだ。その後も目先のチャンスや状況の変化に焦って動くことなく、持ち前のおっとりしたペースで着実に仕事を続けた。

世間的には無名に近い四十一歳の緒方さんを初めて国連総会政府代表団の檜舞台に呼び入れた市川さんの目利きも、じつに見事なものだった。お嬢さん育ちでウーマン・リブ運動には無縁の生活を送っていた主婦、兼任講師だった緒方さんが、その後これほどまでの活躍を見せるとは、当の市川さんにも想像できなかったに違いない。

「国連総会への参加は、家族より自分の関心事を優先した珍しい例ですね」

と当時を振り返った緒方さんの言葉は、まぎれもなく、家庭を守る主婦のものだった。

七九年、公使の仕事を終えてからはいったん国連の仕事から離れて上智大学教授となり、八九年から九一年までは、外国語学部長を務めた。そのかたわら、老人性の病気を患って寝たきりとなった母親を献身的に心ゆくまで介護した。

九一年に国連難民高等弁務官の仕事を引き受けたのも、母親と悔いのない別れを果たしてからのことである。四十郎さんと二人の子供たちは口をそろえて、

「本気で仕事をするのは、いましかない」

と緒方さんを励まし、ジュネーブへ送り出してくれたという。おそらく子供たちも、自分の人生のサイクルに合わせて仕事を選びたいという緒方さんの思いを承知してのことだった。

緒方さんは家庭を大事にしたことでも尊敬すべきだが、同時にキャリア女性の鑑《かがみ》でもある。彼女のように家庭も仕事も両方を成功させるためには、いくつか周囲の条件を整えることも大切だ。まず、母親が近くに住んでいること。次に結婚を焦らないこと。最後に、結婚した後の生活の変化に動揺しないこと。緒方さんの場合、三十三歳で結婚した後、母親の助けを借りながら子育てし、家庭の事情から昇進や抜擢のチャンスを何度か見送り、本格的にキャリアを積み出したのは、子供が手を離れた四十歳過ぎからだった。

もちろん緒方さんには実力があるからできたことであって、すべての女性が同じように生きられるわけではないが、こうした彼女の生き方は、〝人生において、無理のないかたちで仕事を続けたい〟と願う多くの女性の共感を呼ぶに違いない。

彼女の幼少期の滞在、留学、公使時代を合わせると、滞米生活は十五年に達するというから、当時の女性としては類い希な国際環境に恵まれたといえる。女性の社会進出、国際化の象徴の

人だった。

ように思われている緒方さんは、しかしながら実は古風なまでに日本女性らしい生き方をする

お互いに支え合った夫妻の愛情

緒方さんは博士号を取得した後も、自分の仕事は二の次で、夫の転勤や海外赴任についていった。逆に国際的な付き合いが増えることで、人脈も広がっていった。

緒方さんが本格的に国連の仕事を始めるようになったのは、四十一歳のときである。二人の子供にも恵まれ、彼女を支え続けたのは、四十郎さんだった。

貞子さんは、家庭のなかでもじつにいい奥さんである。四十郎さんも、とても心の広い人だと評判だ。とにかく日本の男性は妻を自分のモノにしたがるが、彼は違う。六十歳を過ぎた男性の一人暮らしはけっして楽ではない。しかし、彼は妻の海外赴任を快く送り出した。

四十郎さんが心臓の病気を患ったこともあった。手術のときは貞子さんも駆けつけて、ずっと付き添っていた。その後、再び海外に戻った彼女は、毎晩彼に電話をかけた。お互いの愛情を確かめながら、女性として、妻として、彼女は愛を捧げた。難民にとってだけの立派な女性ではなかった。四十郎さんにも理解があったのだ。

「ぼくは国連に貞子を貸しているんだよ」

と四十郎さんは笑った。

九一年二月、貞子さんがスイスへ単身赴任したときに四十郎さんは日本開発銀行副総裁を退任し、夫妻は別居生活が続いていた。

その三カ月後、四十郎さんは日本人として初めてイギリスの大手銀行のバークレイズ銀行非常勤取締役に就任した。

「家内がジュネーブにいるので、できるだけ頻繁に欧州に来て取締役会に参加するとともに、家内を家庭面から支えたいのです。日銀時代はスイスのバーゼルで開かれる国際決済銀行の月例総裁会議出席のため毎月欧州に来たが、もう若くはないので毎月は体力的に無理かもしれませんが」

と言いつつも、四十郎さんは日本からイラクの国境地帯にまで足繁く通い、使命感に燃えて難民救済に奔走している貞子さんを自然にサポートした。

夫妻はこれまでも、月に一度会えるか会えないかのすれ違い生活が続くことが少なくなかった。だから、たまに会えたときの二人の姿は、まるで十代の恋人同士のようだったという。夫は昔と変わらず妻をかわいがり、大切にしていた。

家事はあまり得意でないという四十郎さんも、国際的評価では妻に引けをとらない。これまで日本開発銀行副総裁や日銀理事を務め、現在は第一線を退いているが、九一年からは山一証券取締役顧問のほか、英バークレイズ銀行の非常勤取締役も務めている。この銀行では数少ないイギリス人以外の役員だった。

九三年、夫妻は自宅を改築した。一緒に執筆活動ができるように、共同の書斎をつくったという。しかしながら、実際は妻の単身赴任は続き、一緒に仕事ができることなど容易ではなかった。

多くの賞を受けている緒方さんが授賞式に出席できないときには夫が代理で出て、わがことのように喜んで挨拶をした。

単身赴任が家族の絆に影響しない〝理想の家庭〟

緒方さん自身の家庭観はどんなものだったのか。

夫もやはり国際派の金融マンだった。あの時代の人には似合わず、妻に対して威張ることなく、仕事を認めて自由にさせてあげるタイプだ。互いに偉ぶるところのない、気さくな夫婦である。

これまでも夫婦間の協力はいろいろとあったが、度重なる単身赴任の際も、緒方さんは自らの家庭については、こんなコメントを残している。

「〝家庭難民〟をつくらないようにちゃんと手当てして、単身赴任します」

「主人がちょこちょこ参りますけど、まあ無駄ですね。私は仕事で旅行ばかりですから」

「一生はきついですが、必要な時期はあります。最近は電話やファックス、安い航空券もあります。一緒に住んでいても絆の弱い家族もあります。単身赴任は家族の絆にあまり関係ないのでは」

つまり、〝家族愛〟には絶大な自信を持っているということだろう。

長男は海外の大学に留学後、メーカーに勤務している。長女は上智大を卒業して銀行員として働いているのだが、学生時代の彼女は化粧っ気もなく、人柄はとても穏やかで、母親譲りの生真面目さがあった。学業もまじめにやっていて、ノートもよく他人に見せてあげたという。

母親が国際単身赴任で常にそばにいなくても、子供たちは順調に育つことができた。

緒方さんは、かつて難民の帰還に関して、

「家族がみんなそろって帰っていくのを見ると、とてもうれしくなります」

と語っているように〝家族愛〟を大切にする心が、その後の難民救済の仕事を成功に導いたという知人も少なくない。

努力で培った貴重な人脈

人と会うのが苦になるようでは、国連での仕事は務まらない。国連は会議外交の場で、他の国の人たちと相談し、やりとりをするなかで目標を達成していくところだ。

国連に限らず緒方さんの国際体験は、人と会い続け、地球上に人脈を織り上げる作業の連続だった。

それは、ワシントンのジョージタウン大学に留学したときから始まっている。そこでは、国際関係論を学んだが、そのときに教わった学者たちは、八〇年代のアメリカの学会をリードする大物教授となった。子弟関係は歳月とともに〝古い友人〟の関係に変わり、緒方さんにとって頼りがいのある人脈となった。

ハーバード大の学部長になったヘンリー・ロゾフスキー教授を出世頭に、日本を専門とするアルバート・グレイグ教授、ドン・シャイブリー教授も親しい友人として親交をあたためてきた。

その後のカリフォルニア大バークレー校の大学院では、ロバート・スカラピーノ教授の助手として人脈を広げていった。ここでも、エルネスト・ハース、ロバート・ギルピン（プリンストン大教授）など国際関係論の一流の学者や、中国と日本に詳しいチャルマース・ジョンソン（カリフォルニア大教授）などとファーストネームで呼び合える仲になった。

緒方さんには、世界中に留学時代の友人がいるから、まず安心感がある。国連の仕事でニューヨークに行けば、家に泊めてくれたり、うちとけてアメリカの情報を話してくれたりした。

バークレー大のときはかなり慣れたが、初めのジョージタウン大のときはやはり苦労したという。語学はできても論文の書き方などが日本とは違う。それにゼミでは、コントロールするのに困るほど学生たちがよく発言した。

緒方さんにとって、この体験は大いにプラスになった。その後、数々の国際会議に日本の代表として出席し、各国代表と対等にわたり合える人生に突入していった。

緒方さんが国連に直接関係するようになったのは、六八年を皮切りに三回も国連総会で代表団顧問、政府代表を務め、国連公使に任命されたことから始まる。その後、ニューヨークの国連代表部に勤務し、国連人権委員会やユニセフ執行理事会の政府代表を務めたことを中心に活動の輪を広げていった。

ユニセフの前事務局長、ハリー・ラブイス（米国）、現事務局長のジェームズ・グラント、スウェーデン代表のニールス・テディムなどのほかに、世界各地に散らばって働いているフィールドの人々にも知人が多い。

ユニセフでは行財政、計画委員長を務め、最後の一年は議長だった。

この間、合わせれば地球を三周するほど精力的に各国を現地視察して歩いたという。ケニアのユニセフ事務所に勤務していたエジプト人女性アイダ・ギンディ、レバノン事務所のビクター・ソラ・サラー（スペイン人）、執行理事会の元書記で、ユニセフの歴史を書いたジャック・チャルノー（アメリカ人）など、地味だが根強い活動を続けている外国人にも、数多くの仲間がいる。

国連公使を退いた七九年、緒方さんは故大平首相から激励を受けて日本政府カンボジア難民現地調査団長に就任し、タイとカンボジアでポル・ポト政権の虐殺から逃れてきた難民を視察した。

彼女が直接に難民問題にかかわるようになったのはこのときからだ。二十年以上にわたる難民問題との取り組みの始まりだった。

八四年には国連の外につくられた〝人道問題に関する独立委員会〟の委員も務めており、年に六週間ある会合に参加した。

九〇年に国連人権委員会の特使としてミャンマーの人権侵害の調査に当たった。

このほか、日米欧三極委員会や、政策を抜きにした学者、政治家、ジャーナリストなどの集まりである日欧会議のメンバーとしても活躍した。

こうした過程で得たマルチ外交の体験と培った友人関係は、さらにその後の〝難民救済に懸けた人生〟を支えるかけがえのないものとなる。弁務官への抜擢も、そうした人脈と手腕を買われてのものだった。

難民援助に情熱を傾け合った従姉妹

七九年に緒方さんが初めて難民を視察しにタイ・カンボジア国境を訪れたころ、日本人はほとんど誰もおらず、確かに日本の〝顔〟は見えにくかった。

金だけでなく顔の見える援助が期待されるなか、緒方さんの行動力には目を見張るものがあった。視察から帰国したときも、

「経済的な貢献だけでなく、人的貢献もすべきです」

とさまざまな方面に提言を続けた。この視察を契機に緒方さんは難民と深くかかわるようになったわけだが、それは同時に、日本と難民との関わりが深まっていくことでもあった。

そんななか、タイ南端のマイルート難民キャンプで難民孤児たちを訪ね、日本人に難民を助けようと呼びかけたもうひとつの〝顔〟があった。

作家の犬養道子《みちこ》さんである。その後、彼女の呼びかけに応じて多くの若者がリュックを背負ってカンボジア国境へ駆けつけ、いくつかの非政府組織（ＮＧＯ）が立ち上がった。

犬養道子さんの祖父である犬養毅は、内閣の外相だった芳沢謙吉さんに長女を嫁がせた。その娘がある外交官と結婚し、生まれたのが緒方さんである。つまり、緒方さんの母親と犬養さんが従姉妹同士ということになる。時を同じくして難民にかかわり、その後もこの方面で影響力を持つようになった二人が従姉妹というのも興味深い。犬養さんが緒方さんを〝さーちゃん〟

カンボジア難民実情視察団長としてタイに出発する前、首相官邸で大平正芳首相に会い激励を受ける［1979年11月17日］

カンボジア難民実情視察団長としてバン・ノン・サメット（タイ）にある難民収容所を視察した［1979年11月20日］

と呼ぶ間柄だ。

犬養さんも、難民と聞けば病身にむち打って、すぐにカンボジアやアフリカに飛んでいった。難民の子供の手を取り、足をさすって勇気づけた。緒方さんが〝難民の母〟なら、犬養さんは〝NGOの女神〟である。

「人と人を、人と生を、人と大地を、人と食を、人と職を、引き裂き分裂させて、難民を飢餓民をつくりつづける根本の悪もろともに、いま、挑まねばならぬ」

と著書に書き記している犬養さんの難民支援に懸ける思いは、緒方さんのそれに勝るとも劣らなかった。日本人にとって難民は遠い存在だが、この二人のよき同志は、難民が私たちの隣人であることを教えてくれた。

長期間の苦労が身を結んだ突然の抜擢

一九九〇年十月、国連難民高等弁務官が本国ノルウェーの外相に就任するために辞任した。わずか十カ月の就任だった。二カ月間、長の座は空席のままだった。

当時、上智大学の外国語学部長をしていた緒方さんは、国連人権委員会の特別報告者としてミャンマーを訪れ、人権侵害の調査に当たっていた。世界でこれ以上厄介な社会問題はないとされる難民問題の担当者として、緒方さんに白羽の矢が立ったのだ。世界の難民はそれまでの十年にほぼ倍増し、世界中で〝百三十四人に一人が難民〟と言われたころのことだった。

このきわめて微妙な問題を、緒方さんは見事に裁いた。その水際立った手腕に惚れこんだのが、当時のペレス・デクエヤル国連事務総長だった。その後、日本政府は後任の候補として緒方さんに打診した。

かつて子育てに忙しいことを理由に国連総会行きを断わったことのある緒方さんだったが、家庭での務めは一段落していたこともあり、そのときは、もし後任に決定しても逃げ出しはしないという程度の返事をして候補になることを了承した。

その後しばらくして、世界中から名の挙がった候補者十六人のなかから最終候補者三人のうちの一人に残ったことを聞かされた。緒方さんは俄然やる気を出し、現実的に就任を考えるようになった。

師走も押し迫ったころ、デクエヤル事務総長から直接電話があり、一月から就任ということになった。しっかりと自分の意見を持ち、率直にものが言える。外交官的な狡猾《こうかつ》さや政治的な野心は微塵《みじん》もなかった。そんな評判を買われての抜擢だった。

しかし、大学はこれから学年末を迎え採点を済ませなければならず、論文を引き受けた学生の指導もしなければならなかった。

九一年の正月は、大学での学位論文や試験の採点などの残務を大急ぎで済ませ、これまでになく国連の難民救済の前例に関する勉強を始めた。

二月十七日、大学の仕事に何とか区切りをつけて単身ジュネーブへ発った。彼女が六十三歳のときのことだった。

Part 2

「難民救済に懸けた十年」

〝人間のあり方〟を考えるのはもっとも大切なこと

女冥利につきる仕事に挑戦した〃六十三歳からの出発〃

難民というものは、日本人にはあまり馴染みがない。

一九八九年、大量のベトナム難民が漂着し、それと同時期に発生した〃偽装難民問題〃がきっかけとなって難民への関心が高まり始めた経緯がある。

難民という言葉自体、十七世紀にヨーロッパでの宗教迫害を逃れる新教徒を表すために初めて英語化されたものだ。また、二十世紀にヨーロッパを舞台にした二度の世界大戦と領土の再編成が、大量の難民を生んだ。

スイスのジュネーブにあるＵＮＨＣＲ（国連難民高等弁務官事務所）は、当初、第二次世界大戦で生まれたヨーロッパの難民を救うために五一年に発足した。

祖国を追われた難民たち――彼らが生き抜くための保護を与え、受け入れ国を探し、故郷に戻れるように支援するのがＵＮＨＣＲの仕事である。

緒方さんがＵＮＨＣＲへの就任を要請されたときには、

「私は活動家ではなくて学究者。関心の中心は国際政治です」

とはいうものの、最初の印象は、

「オペレーション事業はやりがいがあります。自分の経験を全部まとめて何か役に立てられますからね。女冥利《みょうり》につきます。せっかくいただいたいいチャンスですし、身軽にやります」

と静かななかにも固い信念を垣間みせていた。

まずはＵＮＨＣＲの任務、事業の概要についての勉強の毎日となった。何でも質問するのは教師の習性で、法的な問題、条約の問題から始まり、各部局がどういう仕事をしているかまで、あらゆる人に次々と質問した。

「新しい高等弁務官は何でもあれこれ聞く人だ」

当時のＵＮＨＣＲには、緒方さんのことを知っている人は少なかった。周囲は、どんな人だろう、この組織をどう変えるのだろうと不安を感じていた。

地球上に千五百万人といわれる難民を援助するＵＮＨＣＲは、五千人の職員と百二十カ所を超す現地事務所を抱える。各国政府からの拠出金と民間の寄付によってまかなわれる予算は年間十億ドルにのぼる。

緒方さんの時代にＵＮＨＣＲは予算、職員の数とも二倍近くに増え、国連の中心的な組織に生まれ変わった。発足以来、ＵＮＨＣＲのトップはほとんどがスイス、北欧諸国の首相、外相経験者から選出されており、緒方さんのような学者がなるのは初めてだった。彼女はその八代目だったが、日本人が国連機関のトップに立ったのは、中島宏・世界保健機関（ＷＨＯ）事務局長に続いて二人目のことだった。

それまでのルールを変えてクルド難民へ向けた英断

就任当初は、小柄ではにかみ屋の緒方さんの肩に、大きな難民問題が背負わされるのはあまりに酷かもしれないとも噂された。地味なパンツスーツで難民のなかで働いている緒方さんの姿は、うっかり見逃してしまうほど目立たなかった。それでも、誰が現場を取り仕切っているかは一目瞭然だった。

国連難民高等弁務官に着任した直後から、緒方さんは次々と難問に直面することになった。就任したばかりのころの緒方さんの胸中は、

「世界中にこんなに難民が多いとは思いませんでした。また、難民をつくり出す状況が世界中にこんなにあるのかと、改めて感じています」

というものだった。

一つ目の難問は、イラクのクエート侵攻に端を発した湾岸戦争である。ペルシャ湾岸が緊張状態に陥ったその背景には、新たな難民や避難民が発生するというもう一つの国際問題が起きていた。イラク北部で生み出されたクルド難民である。フセイン政権から長く迫害されてきたクルド人は、多国籍軍の地上戦突入を機に武装蜂起した。しかし、イラク軍の反撃にあって敗退。百八十万人にのぼる難民となって国境に押し寄せた。これまで世界が経験したことのない大量難民だった。

難民問題も二十〜三十万人程度のことであれば、外交における慈善事業の一端として対応することもできるが、二百万人もの規模になると、それまでの体制ではとても対応しきれなかった。世界の大きな課題であるという認識のもとでの対応が必要になる。それがまさにこのクルド難民の問題だった。

国連機関には当初すでに準備しておいた二万五千人分の物資があったが、難民の流出が続き、たちまち物資が途絶えてしまった。

イラン政府も、その流出した難民に対して一週間ほどは懸命に難民救済を行なったが、とても彼らの手には負えない状態だったので、ＵＮＨＣＲに対して支援を要請した。

緒方の責務は重いものがあったが、気負いもなく沈着冷静だった。

緒方さんは四月中旬に四日間、現地を視察した。目的は、イランやトルコの前線の視察だったが、両国の政府と救援関係の取り決めをするための交渉も含まれていた。

ちょうど難民流出が始まって一週間ぐらいの時期で、まだ援助体制はできておらず、物資が足りないうえに人はどんどん流出してくるという状況だった。

「大きなヘリコプターに乗って北イラクの国境まで行くと、見渡す限りクルドの人たちがいて、険しい山沿いの道からもぎっしり人が乗ったトラクターが続々とやってきました。その夥しい数に息を呑みました。なんとかこの人たちを守って、きちんとキャンプで暮らせるように、一時的にでも保護しなければという実感を初めて味わいました」

イラン側に入りたい難民の列が国境から八十キロも続いていて、国際的な救援も届いておらず、テントも食糧もすべてが足りなかった。ようやく医療団も到着し、救援が始まった。第一陣が着いた直後には、日本からの国際緊急医療隊と援助隊の第一部隊が到着し、その後、第二、第三陣が続いた。イランには日本のボランティアもあり、その意味では日本の素早い反応が感じられたという。

二百万人の難民のうち、百五十万人はイランとの国境を越え避難した。問題はトルコとの国境に押し寄せた五十万人だった。

これはトルコが国境を閉ざし、受け入れを拒んだことによって滞留して発生した難民だった。国境を越えようとする難民たちを、トルコ兵は力づくで追い返した。長年、国内のクルド系武装勢力に悩まされてきたトルコ政府は、難民の流入によって治安が悪化することを恐れたのだった。さらには、険しい地形に阻まれている問題もあった。

トルコでは難民が岩山に全部上がっていて救済がまったくできないため、かなり悲惨な状況が伝えられていた。

一部の難民が山から下り始めていたので、二十一万五千人がイラク側にできたキャンプにいる計算だった。

女性と子供が八十パーセント。難民の場合、年齢構成などはとても把握しきれない。老人も多く、あらゆる人がいた。一つの街がそのまま動いてきたという感じだった。

「確かに湾岸はショッキングなことですが、人権問題、避難民問題は、衝撃的な報道がなくても、常に関心を寄せていかなくてはならないことです。アフリカでは、内戦で住民の四分の一以上が近隣国に逃れています。事態はもっと深刻です」

ＵＮＨＣＲの活動は難民条約に基づいて行われる。国連は、一九五一年の「難民の地位に関する条約」と六七年の「難民の地位に関する議定書」で難民をこう定義している。

「人種・宗教・国籍・特定の集団への所属もしくは政治的意見を理由に、迫害を受けるという充分に根拠のある恐れのために、国籍国の外にあって、その国の保護を受けることができない者、またはそのような恐れのために、その保護を望まない者」

つまり、難民とは〝政治的な迫害などにより国境の外に出てきた人〟とされている。トルコが国境を開かない以上、イラク領内に留まるクルド人を救済することはできないというのがそれまでの決まりだった。

それには、ＵＮＨＣＲは本当に困った。というのも、難民の保護というのは、国境を越えて、安全な離れた場所で行うことになっていたからだ。それが、安全でない自分の国、しかもその国には彼らを追い出す政治軍事勢力があった。

「ＵＮＨＣＲがそれを保護するというのは、それまでの原則の転換ですから、非常にたいへんなことでした。みんな苦労して、毎日のようにオフィスで相談が続きました」

あくまで慣例に従ってクルド難民を見捨てるのか、それとも慣例にとらわれず救済に乗り出すのか――幹部職員の多くは、「慣例は破るべきではない」と就任間もない緒方さんに進言した。しかし、緒方さんは反対論を抑え、イラク領土内での救済に乗り出す決断をした。多国籍軍によってつくられた安全地帯で難民を支援するという前例のない措置に踏み切ったのだった。それまでのルールを変えることになったわけだ。

「そのとき、現実的には国境の向こう側へ渡ることはできない、またこの山の中にいる人たちに安全を与えなければならないということで、国内の安全地帯に移動させるしかないと判断したのが、大きな決断だったと思います。ルールを変えることにはなるけれども、基本原則の根幹は同じなのではないかと考えました。〝難民を保護し、生命の安全を確保する〟ということです。自信を持ってこれでいこうと思いました」

国連活動への参加では途上国だった日本

当初、緊急に求められたのは、まず第一にお金だったが、緒方さんは四月十一日に一億三千八百万ドルの要請を出した。これはＵＮＨＣＲの分だけである。ＵＮＨＣＲ以外の機関もすべて含めると、四億ドルの要請だった。結果は、UNHCRの分で一億三千万ドルが認められた。そのうちの三分の一である四千二百万ドルは日本から拠出されたものだった。

四月の時点で、すでに緒方さんは対策を考えて日本を訪問していた。日本政府にさらなる支援を求め、さらには民間にも難民救済を要請するためだった。そして、国際社会のなかで日本の存在感を高める必要を声高に訴えた。

「私は自分が日本人だとあまり意識しているほうではありません。でもいま日本は、国際社会に具体的に貢献していくプロセスにあると思うのです。そのことを、日本人の自分がこの立場にいるということで、世界に対し自然に、というか結果的に知らせることができるのではないかと思います」

また、避難民輸送手段として自衛隊機を派遣しようという日本政府の考えについても触れた。

「国際協力のはっきりした枠組みのなかで動くのであれば、自衛隊機でも目的にこたえられると思います。それには、誰の目にも、枠に組み込まれていることがはっきりわかり、支持されなくてはなりませんが。

日本にとって一番大事なことは、国連を中心とした活動にお金を出しているというだけでなく、実際に参加しているということだと思います」

しかし国民のなかには、国連参加は建前であって、自衛隊の海外派遣そのものが目的ではないかという不安があった。

「それはこれまで日本が国連の活動事業に組み込まれてきたことが、あまりなかったからでしょう。選挙監視活動は、日本からも参加者が出るようになりましたが、平和維持活動には入っていません。国連の枠組みがどのようなものなのか、国民に知識がなく、国連側からのPRもあまりされていませんでした。日本は国連の場で何がどこまでできるか、よくわかっていません。それを見きわめて国民に説明していくのが、政治のリーダーの責任でしょう」

大量に想定されている避難民について、移送以外で日本ができることについてはこう締めくくった。

「避難民の定住地として、日本は人気があるとはいえません。将来は、そういう社会をつくっていくよう、努力することが大切です。避難民が流れ込むイラン、シリアなど、周辺国の復興の援助をすることは、新たに起こる流出を防ぐことになるでしょう」

結局、日本政府はクルド難民を中心とした難民援助のために一億ドルの拠出金を決定した。これは他国と比べて突出した額で、一億ドルの拠出金の支援は日本としては初めてのことだった。この一億ドルは、三カ月間にイラン、トルコ、そして難民に対する救済資金、さらにその後需要が高まるであろう国連の各事業に対しての立ち上がり資金を含めた拠出金となった。

さらに民間でも、想像以上の募金が集められた。UNHCR駐日事務所に、団体と個人から寄せられた資金は、四億六千万円に達した。これはちょっとしたヨーロッパの国の拠出金を上まわる金額だった。さまざまな物資の提供も民間から寄せられた。これについて緒方さんは、「私は日本の一国民として、たいへんありがたいことだと思っています」

と感想を述べている。

さらにその後、経済四団体が中心となって難民救済民間基金をつくるということになった。広く国民各層の人々の参加を得て、一千万ドル（十四億円）を目標に動き出した。

日本の貢献策については、〝資金的には〟非常に突出して援助したことを、世界各国も評価した。医療隊についても、日本の緊急援助隊が三チーム派遣されたことはとても高く評価された。

しかしながら緒方さんは現状に喜ぶばかりでなく、その後に向けたさらなる体制を準備する必要性を求めた。より多く物資を供給できるようなシステムや、医療、土木、情報通信などの技術をまとめて非常事態に海外に出ていける協力隊のようなかたちが必要だと加えた。

結局、緒方さんはその四月のあいだは、日本への出張もあってクルド難民のために忙しく動き、ほとんど休日はなかった。

五月初めからエチオピアに行く予定だったが、イラクへの難民の帰還が始まったので先延ばしとなった。

こうして赴任したジュネーブに腰を落ちつける間もなく、救助のための支援を求めて世界各国を飛びまわり、ブッシュ大統領とも会っている。

北欧の救援態勢に学んだ日本の人道支援

緒方さんが七九年のカンボジア難民流出で現地を視察したときには日本人の活躍は少なく、医療やボランティアにしてもまったく人手が足りず、体制は皆無に等しかった状態にあった。それを考えれば、それから十余年後のこのときの体制はずいぶん整っていた。資金援助についても以前と比べると、多く出してもらえるようになったし、頼りにされていることを緒方さんは実感した。

しかしながら、このときのクルド難民の場合、イラン政府をはじめ世界各国への交渉も最後までやめることはできなかった。たくさんのキャンプを設けて、テント、毛布などのさらなる必要性を訴えた。物資を中心とした輸送、供給などの国際的な支援はなんとかかたちになりつつあったが、まだまだ完全に充分とはいえない状況にあった。

救援物資は、テント、毛布、ビニールシート、乾パン、そして医薬品などだった。そのなかには、ノルウェーが寄付してくれたもので、組み立て式の約二百床のベッドを備えた野戦病院などもあった。イランでは日本の国際緊急援助隊がこのなかで仕事をしていた。食糧も、栄

タイのクリアンサク首相に会い、全国地域婦人団体連絡協議会から託された寄付の1億円の小切手を渡した［1979年11月19日］

養のあるビスケットなど、現地調達できるものも含まれていた。

ただしこのときは、カンボジア難民やアフリカ難民のような〝饑餓〟という状況ではなかった。たしかに難民の栄養は低下していたが、飢えて逃げてきたわけではなかった。国境を越えるのに要した日数も限られていたので、比較的落ち着いて対応ができた。

その次の課題は、いったいどうすればもっと早く効果的に対応できるかということであり、どういうかたちで〝人間〟を動かすかにあった。

緒方さんたちが動き出す前からすでにキャンプに入って救援を始めていた欧米の赤十字やボランティアを見ていると、日本は民間のボランティア組織が欧米に比べると規模が格段に小さいことに気づいた。日本からの民間ボランティアは確かにいたが、実際どのくらいの人間がいたのかははっきりしていなかった。個人的にイランに来ている者や、曹洞宗や立正佼成会などの関係者が来ていることは緒方さんも目にしていた。

とくに北欧諸国は、すでに湾岸戦争よりも前に緊急災害時用にいろいろな役割を持った人たちの混成グループを緊急援助要員として派遣する体制を持っていた。この点が、その後の日本の人的貢献を考えるうえで非常に参考になった。

緒方さんは、その次にトルコに向かい、トルコ政府が平地に設置したキャンプの現場を視察した。そこでもイランと同様に物資の必要性が訴えられた。テント一つで約五、六人を賄《まかな》えるが、当時はUNHCRでも、すでに四万のテントを支給していた。しかしそれで間に合うという状態ではなかった。

各国とも救援物資を送っていたが、そこで緒方さんが気づいたことがあった。まず、緊急援助のなかでの輸送費用が非常にコストがかかるということ。UNHCRはアフリカでも難民救済を広く実施していたが、輸送費用が難民援助全体の七十五%を占めた。

また、救援物資は飛行機で輸送されるが、その調整を行うのもたいへんな仕事だったという。UNHCRは、イラン、トルコ両国にある各地方の飛行場に職員を置き、どこへ物資を配布するか、どこへ何が不足しているかという調整に当たっていたが、その調整は簡単なものではなかった。

救援対策の理想と現実

それから難民がどうなるかということは、イラク国内がどうなるかということと大きく関連していた。

トルコの山中には五十万人の人たちがおり、さらにトルコを目指してくる人たちを合わせると七十万の難民がいた。この難民をトルコが引き受ける姿勢はまったくなく、いくら時間が経っても進展を見せなかった。すでに自国内に多くのクルド人を抱え、社会の安定に対して強い不安を持っていたからだである。

山からクルド人を下ろそうとしたときに平地がイラク側にあるため、早く世話をしようとすると、どうしてもイラク領内に下ろさなければならない。そこで、イラク側の平地にアメリカ軍を中心とする多国籍軍が難民キャンプを突貫工事でつくることになった。ところが、平地がイラク領土内であるため、政治的にも問題が大きいので、連国軍側は早く国連に引き継いでほしいという希望を持っていた。一方、国連側は、安全保障理事会の六八八条決議案（イラクのクルド人弾圧を非難して、救済のために国連軍が人道的な機関を使って介入することを意図した決議案）をもとにして、国連事務総長の代表として元高等弁務官のアガ・カーンがバグダッドに派遣され、クルド人側と交渉して、安全地帯を取り決めで設け、そのなかにキャンプをつくることの合意に達した。

ＵＮＨＣＲもこの合意について、イラクやトルコのクルド人の住む地域に、国連の民生官たちを中心とした「ユナイテッドネーション・ヒューマニタリアン・センター」をつくるということを実施した。このセンターは、難民救援と信頼醸成拡大を図るためのものだった。ＵＮＨＣＲが中心的な役割を果たしたセンターの働きによって、国境地域から難民を少しずつ以前に住んでいた地域に帰していくことが現実となっていった。

センターの数は十～十五カ所ぐらいあり、センター要員にはＵＮＨＣＲの職員、国連開発計画(UNDP)、ユニセフなどの職員も加わり、さらに国連ボランティア(UNV)からも参加した。

センターでは、政治的弾圧に対する監視、モニタリングの役割、救援物資を与える役割、さらに状況が安定していけば戻っても大丈夫だという信頼醸成の増すキャンペーンを行なう役割を担っていた。

トルコとの国境の間にできている多国籍軍の保護地域と、国連の準備したこのような対応をどう結びつけていくかというのが、最大の課題となった。イラク政府は多国籍軍による介入を厳しく非難したが、難民は人道的な問題であるからこそ攻撃は差し控えるという旨を通達してきた。また、国連の民生部門によるヒューマニタリアン・センターを一刻も早くつくって、多国籍軍のつくる保護地域も、早く国連がとって代わってほしいという要請を行なった。

その後、イランからはおよそ八万人の難民が帰還した。

一方、トルコのほうは山の上にみんないてとても悲惨な状況で救出もできない。トルコ国境に七十万人いた難民のうち五十万人が、多国籍軍がイラク側につくった安全地帯に移動させることができた。この安全地帯のなかには、いくつかクルドの街や村があった。なかでもザボというところを中心にかなりの難民が帰っていった。

その少し南にはドホークという街があり、さらに南のほうの人たちは、いったいどのくらい安全が確保されるだろうか、と様子を見ている状況だった。

クルド難民の当時の問題は、いったいどのくらいの難民が一度に帰り出すかということだった。その帰還を促進する大きなファクターは安全の保障だった。

その後、クルドのリーダーとサダム・フセインとの間で交渉が進み、安全と自治が充分確保され、かなりの難民が順調に帰還の途につくことになった。

緒方さんたちは、難民が帰りたいか否かを認定し、情報と物資を与え、病人には手だてを施した。そうして彼らを家まで送り届けるルートをつくっていった。

空前の救援活動

多国籍軍の要請で、ザボやその他のキャンプの運営はUNHCRが引き継いだ。けれども、UNHCRは軍事力を持っていないので、最終的な安全の保障を確保することはなかなか難しかった。そこで、いったい多国籍軍がどのくらい、どんなかたちで周辺に残るのか、国連の平和維持活動や国連警察軍の交渉がいったい最終的にどんなかたちで結実するかということが注目された。

イランでは、政府が五つの州にキャンプをつくった。もちろんすべてが充分ということではなかったが、岩山の上に押し上げられたような状況ではない。平地にキャンプを設けて、できるだけのことはした。北部の西アゼルバイジャン州の状況は厳しいから早く帰るのではないか、南のバフタラン地域は平地でキャンプの状況もいいから少し様子をみるのでないかなどと予想した。

一方、UNHCRがどんどん救援物資を送ると、税関を通らなければならないし、現地の受け入れ、飛行場での手当てなどいろいろと仕事はあった。救援に来る人たちを受け入れてどういうかたちでどこへ配置するか、各国はさまざまな条件をつけてくる。そうした交渉をすることも緒方さんたちの仕事だった。

問題発生から一カ月後の九一年五月、UNHCRと多国籍軍によるクルド難民への援助活動が始まった。多国籍軍十三カ国と援助提供国三十カ国から二万人が動員され、テント、毛布、炊事用具、水や食料が、飢えと寒さに苦しむ人々に供給された。

UNHCRは九千トンの物資をイランとトルコ両国のイラク難民に供給した。人員も二百人を動員して配置した。

世界中のUNHCRから、少し手があいている人たちや、いままでも一緒に仕事をしたことのある者たちが呼び戻された。さらに、各国にも人材の派遣を要請し、北欧の国からは緊急援助隊が派遣され、国連のボランティアなども手伝ってくれた。急に人材を集めなければならなかったので、現場の人事部担当者などは何週間も休めなかったという。

湾岸戦争で難民が発生した仕組

クルド難民問題は、湾岸戦争の深刻な後遺症として、世界の強い関心を集めた。九一年七月、侵攻の開始からおよそ一年後もなお、イランやトルコとの国境には百万人を超える難民が残っていた。彼らはみなイラクの弾圧を恐れ、帰還できずに留まらざるを得なかったのだ。

最大の焦点となった難民の発生問題については、三つのポイントがあった。

まず、九〇年の夏にイラクのクウェート侵攻が始まったときに流出した避難民は、およそ二百万人だった。ほとんどが湾岸諸国、つまりイラク、クウェートなどで働いていた外国人労働者だった。

これに対しては、難民たちが帰国できるように飛行機をチャーターするなどして対処した経緯があった。

そして九一年一月になり、多国籍軍が対イラク武力制裁を実施に移す時期が近づいてきた段階で、国連の各人道機関が連携して、湾岸戦争勃発に備えた難民・避難民の救援の準備を始めた。これが〝地域人道計画〟で、イラク、クウェートからの難民、避難民流出に備えて、とりあえずトルコ、イラン、シリア、ヨルダン各国に十万人、全体で四十万人出てくるということを想定し、三カ月間のこれらの人たちに対する救済計画を立てた。

国連ではこの計画の緊急な初期運転資金として三千八百万ドルを要請し、日本政府は即日に応えて全額を拠出した。ところが戦争が始まると、予想したほどの流出はなかった。戦争が始まってから出てきた人たちは割に少なく、六万五千人ぐらいだった。

これは、戦争が始まって国内に出る機会がなかったということもあるが、イラクに対する攻撃が軍事施設に集中していたこと、出てくる道が閉ざされていたことなどが原因とされた。

ところが、武力制裁の結果、市民生活はかなり破壊された。イラクという国はかなり工業化の進んだ国家で、水ひとつとっても、浄化設備は整備されている。農業用水にも、電気の灌漑装置を使っている。つまり、軍事目標である発電所が破壊されると、市民生活に欠かせないきれいな水は供給されなくなるし、農村の灌漑設備も使えなくなってしまう。その結果、工業化された社会が原始時代に戻ってしまった。

国民の栄養度についても、イラクはかなり食糧を輸入に頼っている国で、輸入が制限されると当然栄養が落ちてくる。とくに被害が集中したのは老人、子供であり、弱い人ほど被害を受けた。イラクの経済、社会インフラの破壊と、空爆後の避難民流出は無関係ではなかった。

湾岸戦争後に難民が出始めたのは、イラク政権に対するクルド人やシーア派の人々で構成される不満分子が不穏な動きを見せて蜂起し、それをイラク政府が軍事的に抑えようとしたためだった。家を焼かれ爆撃を受けたクルド人たちがいっせいに流出し出した。とくに四月四日ごろの増え方が速く、一週間で百万人近くになった。かつて八八年にイラクから化学兵器を使用した弾圧を受けた記憶がクルド人たちを恐怖に陥らせたことも要因の一つだった。

つまり国家が〝難民を生み出す温床〟となってしまったことである。こうした背景があって、多くの難民が流出した経緯となった。

クルド難民問題で学んだこと

難民問題の解決は、人間を大事にすることが必要だとする国際合意が成立して、初めて実行に移すことができた。そして人道的問題の重要性を絶えず認識し合い、可能にするための物資や資金の援助がとても重要になった。

UNHCRの年間予算は、通常予算と緊急事態に対するための特別予算として二千万ドルあったが、当時は合わせて五億五千万ドルにすぎなかった。それでできることには限界があった。大きな緊急事態が生じると、緊急用の財源ではとてもまかなえない。物資の面でも、短期間に難民が増えると、毛布やテントを周辺国で全部買い集めても第二陣の手配がつかなくなり、すぐに足りない状態になる。

これには緊急時に対応できる備蓄が日ごろから必要とされた。こうした備蓄を常時数カ所に世界的に置いておくか、加盟各国の緊急用の備蓄とリンクアップした体制をつくっておく必要があった。

たとえば、日本の場合はそうした物資を自治体などが持っているが、世界各国が持っているいろいろな貯蔵物資をいったいどうやってリンクさせたらよいのか。輸送も借り上げの飛行機で行うので、かなりの輸送費と手間がかかる。そういった物資の貯蔵体制を考えることが早急に解決すべき課題として挙がった。

また、緊急要員の準備も必要だった。国連にはUNVという機関があった。これは各国から水道や輸送などに関する専門技術を持った人が集まり、ボランティアで働く集団だが、UNHCRも同様、そうした人材が必要とされた。

緒方さんは軍の出動を要請したわけではなかったが、国際的な緊急事態に備えての動員をいったい、どうやったらできるのかを考えた。そして、組織的で構造的な課題があることを問題提起した。

日本に求められた自発的で迅速な対応

緒方さんがUNHCRに着任したとき、世界全体の難民は千五百万人と言われていた。その後にはアフリカの状況も悪化し、クルド難民が二百万人も出て、以降は増加し続けた。これらは〝経済難民〟と言われる人たちではなく、ほとんど全部が〝政治難民〟だった。彼らは政治的な迫害と内戦による被害者である。たとえば、ソマリア、エチオピア、リベリア、そしてアフガンの五百万人の難民の元凶は内戦だった。

内戦の背景には、政治的な不安定、経済的な開発の失敗、富の遍在、経済・政治システムの弱体化などがある。内戦を止めるほどの力はどこにもない。それまで経済開発は、社会的な公正というものを生んでこなかった。とくに開発途上国においては独裁者が多く存在し、その独裁者に対して東西の対立が独裁を助長したということもあった。

緒方さんは、日本で自衛隊派遣を含めて議論されている国連平和維持活動（ＰＫＯ）について、日本は参加するべきだという議論を長い間続けた。

「ただ、自衛隊を送るとしたら、自衛隊にＰＫＯ活動の訓練を充分させて、国民の納得のいく姿、つまりＰＫＯというのは平和の維持であって戦闘活動ではないから、そのへんのけじめをきちんとつけて出る場合には出ていただきたいのです」

と主張したきた。

クルド難民の安全を保障するにはいったいどうするかという議論になったとき、「国連の平和維持軍を出したい」となった。これをイラクは受け入れなかった。そこで国連警察隊という提案が出たが、これも否定された。

イラクの南のクウェートとの国境には、国連監視団が出た。これは以前から活躍していた機関だったが、不安定な状況が出てきて、とても国連の手には負えないということで多国籍軍が出た。しかし結局、これを収拾するには、やはり国連の中立的な関与が必要になってくる。そうすると、監視、平和維持、安全の確保、緊急災害の救済と、さまざまなかたちで国連が果たす役割というのは増えていくだろうと緒方さんは推測した。

湾岸戦争を契機に、日本でも国際的な協力体制というものについて、初めて真剣に議論がなされるようになった。

「何ができるんだということを早く自分で決めて、私たちはこういうことをやりますというかたちで計画をしないといけません。頼まれてから、それからゆっくり考えてなんていうことではとても間に合わないと思います」

そうした緒方さんの提案は、日本の官僚たちにとって初めて耳にする類のテーマとして新鮮なものだった。下を向いている日本の顔を、海外から呼び起こしたのだった。

民族の壁をなくすには三十年以上かかる

前例を打ち破るかたちでクルド難民を救った緒方さんは、一躍世界の注目を集めたのだった。

緒方さんの決断がどれほど重要な転換点だったか、当時はまだＵＮＨＣＲ自身もわかっていなかった。イラク北部で起きたクルド難民の問題は冷戦後の危機の始まりだった。それは、国家間の戦争ではなく国内紛争によって特徴づけられ、一般市民を標的とする残虐な暴力がはびこった時代である。クルド難民こそ、まさに冷戦後の危機の幕開けだった。

「国家の壁、民族の壁は、急には取り払うことはできません。ここ三十年の間に解決を見るのは無理でしょう。でも、防止策はＵＮＨＣＲ本来の仕事ではありませんが、一枚かまざるを得ない状況があります」

湾岸戦争での難民対策については、国連諸機関が互いに協力して事前の準備を行なうなど、素早い対応ができたと緒方さんは高い評価を得た。

しかしながら、当時の難民問題は湾岸に限るわけではなかった。〝アフリカの角〟と呼ばれるアフリカ大陸東部地域も紛争が絶えない地域だった。同じころ、ソマリア紛争が激化していた。緒方さんたちは逃げてくる人たちを隣のケニア側で待っていたが、ソマリア側に入って援助することができれば、どんなに彼らの体力の消耗が少なくて済むかと思うと、もう待っているわけにはいかなかった。ここでもケニア側から越境援助を始めた。

さらには中南米、アジアなど広く難民が流出していた。とくに、アフガニスタンには五百万人、中南米にはクルド難民と同じ数の難民がいた。

世界は貧富の差の激しい、南北格差の激しい時代に生きていた。それと同時に、政治的には民主化、政権の多様化などの動きが激しくなっており、政治、経済の両面から難民が発生しやすい状態であることはその後も変わることはなかった。

サラエボに起きた新たな問題

クルド難民の問題は、国境を越えられない難民の援助にUNHCRが踏み出す転機となった。九二年、ユーゴスラビア連邦の分裂をめぐる大規模な民族紛争が起きた。緒方さんは砲弾の飛び交うさなかに分け入って、国内の難民を支援するというさらなる問題に直面することになった。

多くの民族が共存していたユーゴスラビアでは、冷戦の崩壊後、スロベニア、クロアチア、マケドニアが次々と分離独立を果たした。続いて九二年三月、ボスニア・ヘルツェゴビナも独立を宣言し、血みどろのボスニア紛争が勃発した。ボスニアは、ユーゴスラビアのなかでもっとも複雑な民族構成を持っていた。独立を求めるイスラム系住民は四割にすぎず、独立に反対するセルビア系住民、クロアチア系住民との間で激しい戦闘が起きたのである。各地域の独立はそれぞれ他民族の排斥《はいせき》、つまり〝民族浄化〟を伴うものであった。

民族問題は何世紀も遡《さかのぼ》った昔から世界の各地に内在し続ける〝紛争の種〟である。東西の冷戦構造下にあって、それがしばらく抑えられていたに過ぎない。冷戦構造が崩壊すると、国内にマグマのように鬱積していた民族対立や社会的不正義、不公平という問題がにわかに噴き出したのだ。〝紛争〟は国際間だけでなく国内で起こるケースが多くなった。

八四年に旧ユーゴスラビアが社会主義国として初めて冬季オリンピックを開催し、世界中の人々が集った平和の街サラエボは、銃弾が飛び交う世界でもっとも危険な町に姿を変えていた。

この事態には、国際社会は何ら有効な解決策を打ち出すことができなかった。国連安全保障理事会による経済制裁は効果を上げず、大国の思惑《おもわく》が異なるなかで軍事介入は見送られたのだった。

その理由は、加盟国の意志が一致しなかったからだ。ヨーロッパには独自の方針があり、アメリカにもロシアにもまた別の方針があって、安保理理事国の間に合意がなかった。だから決議を採択できなかった。軍事的に介入することもできず、国連がとることのできた唯一の対策が人道支援だった。

打開策を打ち出せない国連は、紛争に苦しむボスニアの人々への支援をＵＮＨＣＲに要請した。停戦の合意がない戦闘のただ中での人道支援は、ＵＮＨＣＲが初めて経験するものだった。旧ユーゴスラビアで自分の村に暮らしながら食べ物もなく難民と化していく人々を、ＵＮＨＣＲは積極的に保護せざるを得なくなった。当時そこで働くＵＮＨＣＲ職員は、二年で十九人から五百四十七人に増えていた。

旧ユーゴスラビアにはすでに三百八十万人の難民があふれ、その危機的状況に出口は見えなかった。ボスニアでのＵＮＨＣＲの活動は、ますます困難をきわめた。政治的解決がなされる見込みもなかった。

「ユーゴ一国なら対処のしようもあります。しかしユーゴのような国が十も出てきたら……。私は理想主義者ではありません。世界を変えるなんて、できっこないです。でもほんの少しだけでも状況を改善できたら」

緒方さんは、世界の国々が民族単位に分裂の傾向を強めているいまの世界の状態に心を痛めた。そして着任以来の情勢の変化を、緒方さんはこう振り返る。

「難民といえば、昔は国境を越えてやってくる人々のことでした。でもいまは、自分の家にいる人で保護が必要なことがあります」

ただちに緒方さんが現地に派遣した職員が見たものは、予想をはるかに上まわる民族対立の姿だった。

ボスニア北部のズボルニクという街では残虐行為が行われた。セルビア系武装勢力が街を制圧して、何百人もの女性、子供、老人を殺した。その街のセルビア人は、いまこのムスリムの子供たちを殺しておかなければ、二十年後にその子供たちによって自分たちが殺されると主張した。ムスリムとセルビア人は脳の仕組が違うとも言う。それはまるで、ナチスの時代のヨーロッパのようだった。

多くのイスラム教徒が、セルビア系武装勢力によって家を追われていった。緒方さんは、このとき、大きな岐路《きろ》に立っていた。

命が危険にさらされてる住民の避難を奨めることは、結果として、いわゆる〝民族浄化〟に手を貸すことになるからだった。

「出て行きたいというので手伝えば、まさに民族浄化に手を貸したことになるわけだし、置いておけば殺されるだろう。どっちをとったらいいかというぎりぎりの選択に悩みました。最終的には、人を生き延びさせる選択を取るよりほかにないのではないかと判断しました。人間というのは生き延びれば、もう一回チャンスが出てくるかもしれないんです。そこで殺されたらそれまでですから。そういう選択をずいぶん強いられたんです。それは非常にきついことでした」

紛争のなかで援助をもっとも必要としていたのは、セルビア側の包囲によって孤立していたイスラム系住民だった。孤立を強いられた地域は六カ所。なかでも首都サラエボは最大の人口を抱えていた。

イスラム教徒を中心とするサラエボの四十万人の住民は、街を取り囲んだセルビア系武装勢力による激しい砲撃にさらされていた。街へつながる道路は封鎖され、食料や水の補給ができない危機的状況にあった。

サラエボの人々を救うために、緒方さんはサラエボに空から援助物資を届ける決断を下した。空路による援助物資の輸送である。国連本部は、空輸の安全を確保するため、サラエボ空港に国連保護軍千五百人を派遣した。ＵＮＨＣＲには空輸のための司令部がつくられた。緒方さんの指揮のもと、五カ国の空軍から派遣された将校たちが合同チームを組んで、空輸作戦を練《ね》り上げていった。

当初、緒方さんは自分のオフィスに軍人がいることに違和感を感じていた。しかし慣れるのに時間はかからなかった。空軍の輸送能力の高さをいったん認めると、緒方さんの要求はどんどん高くなり、英空軍の力を限界まで引き出そうとした。

〝世界は見ている〟と訴えた前代未聞の空輸作戦

九二年七月三日、最初の飛行機がサラエボ空港に降り立った。その後三年半、延べ一万二千回におよぶ史上最大の空輸作戦の始まりだった。空輸手段は初めてであり、停戦の合意なしの状態の戦闘の真っ只中へ乗り込んでの援助活動は、従来のＵＮＨＣＲの常識では考えられないことだった。

空から運ばれた食料や医薬品は、十六万トンにおよんだ。サラエボの市民は自分の家に住みながらも街を包囲されて孤立し、食糧の調達さえままならず、国際的な保護や支援に頼らざるを得ない〝国内難民〟になっていた。サラエボの人々にとって、空輸された援助物資はまさに命綱となった。

空輸開始から五日後、厳戒体制のサラエボ空港に緒方さんは降り立った。防弾チョッキに身を包んだ緒方さんの姿は、UNHCRによる空輸作戦を世界にアピールすることになった。

「これは政治的に非常に大きなインパクトがありました。つまり、〝国際社会はサラエボを見殺しにしてない、みんながサラエボを見てるんだよ〟というシンボルが空輸だったわけです。とてもあたたかい歓待を受けました。旧市街の窓からみんなが手を振ってあたたかく迎えてくれて、これで人道援助が始まってよくなるかなと思いましたけどね、その時は」

空輸開始から二カ月後の九月三日、援助物資を積んだイタリアの空輸機がサラエボ上空で撃墜され、四人の乗組員は死亡した。紛争下で行う人道援助の難しさを示す事件だった。翌十月にはトラックの運転手が襲撃されるなど、関係者の犠牲は増え続けていった。

サラエボの〝射撃通り〟

緒方さんはその後も何度もサラエボへ足を運んだ。輸送機に乗っていったわけだが、サラエボの上空ぎりぎりまでずっと高度を保ち最後に急降下する。そうしなければ砲撃を受けかねない。輸送機を降りて飛行場の倉庫の陰に入るまでの間も、国連平和維持軍がトラックなどを並べて砲弾から守ってくれた。

飛行場から街までは通称〝射撃通り〟である。UNHCRは初めて防弾車を購入し、緒方さんの仕事着は防弾チョッキとなった。けっして大袈裟《おおげさ》なことではなかった。彼女が車から降りた後、運転手が流れ弾を浴びて大ケガを負ってしまったこともあった。

街中のガラスというガラスが壊されていた。会議をしていると銃声がこだまし、ときどき爆音で建物が揺れた。次第に戦時下の人道援助の猛者となった職員たちは、銃声にいちいち動揺しないようになった。

彼女がクロアチアからセルビアまで自動車で移動したときに気づいたのは、一見普通の家並みの間からセルビア系、あるいはムスリム系の住居だけが狙い撃ちにされて、家の中まで凄《すさ》まじい壊され方をしていることであった。根深い恨みの込められた破壊の跡に慄然としたという。

ガラス窓が破れたサラエボの街では、緒方さんのアイデアマン職員がUNHCRのプラスティック・シートと窓枠になる材料や大工道具を市民たちに配り、家の窓を直して暮らしてもらったいた。プラスティックなら割れる心配はない。大統領府の窓もUNHCRと書かれたプラスティック・シートで覆われていた。アメリカの視察団が街中に溢《あふ》れるUNHCRのロゴ入りの窓を見て、

「UNHCRはこんなにたくさんのオフィスがあるのかと驚いた」

という笑い話もある。

人道援助だけでは問題は解決しない

その後の援助物資の空輸は長期間におよび、史上最長となった。当初は二週間の予定で始められたが、気がつくとこの空輸こそが諸外国が結束してサラエボ市民を支援していることの象徴になっていたのだ。

援助物資を輸送するにあたっては、軍に守られながら行なうことに抵抗を示す職員たちもいた。しかし、様子を見て危険なものがあれば撤去する先遣隊《せんけんたい》の仕事や、襲撃を受けたときに守ってもらうことは不可避となった。

もちろん軍隊とともに人道援助を行なうのが望ましくないことは言うまでもない。しかし、軍はたんに戦闘を行なう集団ではなく、空輸・空路の管制、港湾や空港での大きな物資の積み下ろし、キャンプ設営などのプロである。いかに軍と協力できるかが、戦闘下の人道援助の課題でもあった。

十一月、緒方さんは歴代の難民高等弁務官として初めて、国連安全保障理事会に招かれた。この席で緒方さんは、人道援助のみを続けることの限界を訴え、安保理が一刻も早く政治解決に乗り出すよう強く迫ったのである。

「輸送に不可欠な道路の安全はいっこうに保障されていません。検問所での妨害や無差別の銃撃が援助活動を大きく妨げています。中立の立場で行われる人道援助が、政治の駆け引きや軍事的な利害で、絶えず妨害を受けているのです」

政治に利用された人道援助

しかし、安保理理事国の反応は鈍いままだった。緒方さんたちは、さらに大きな困難に直面することになる。

九三年二月、ボスニア東部のイスラム教徒居住地域を包囲していたセルビア系武装勢力が道路を完全に封鎖し、援助物資を積んだトラックがセルビア勢力下の東ボスニアに点在するムスリム人の村に入ることを妨害したことに始まった。危機感を募《つの》らせたイスラム側指導者は、飛行場からサラエボの街までのルートを閉鎖し、援助自体をボイコットするという対抗措置に出た。孤立するムスリム系の同胞たちの命運を窮地《きゅうち》に追い込むことで、セルビア側に対する非難をアピールし、世界に向けて同情を集めようとしたのだ。きわめて政治的な行為だった。

国際社会はボスニアへの対策を人道援助だけですまそうとしていた。しかし、あの紛争の実体は大セルビア主義に基づく侵略戦争であり、ボスニアは国連による軍事介入を望んでいた。

サラエボの市民に届けられるはずだった援助物資は、セルビア人勢力によって空港に放置されたまま腐り始め、援助物資を積んだＵＮＨＣＲのトラックもイスラム教徒の村に入れず立ち往生するしかなかった。イスラム教徒の指導者も援助物資の配給を拒《こば》み続けた。時間との勝負になった。

援助を露骨に妨害するセルビア側指導者、人々を犠牲にしてでも国連の介入を引き出したいイスラム側指導者——激しい駆け引きのなかで、人道援助は暗礁《あんしょう》に乗り上げた。人道援助が政治的に利用されることは断固許せなかった。

波紋を呼んだ〝怒りの援助停止宣言〟

緒方さんはこの事態を打開するために、人道援助が紛争の政治的駆け引きに利用されつつあるとして、サラエボとセルビア人支配地域での援助活動を全面的に停止する決断を発表した。

「指導者たちに説得を試みましたが、解決は得られませんでした。このような決断を下すのは非常に心苦しいことですが、援助物資を乗せたトラックに引き返すよう指示しました。ボスニア国内での援助活動を今後、中止します。いままで民族紛争の犠牲者や市民を助けようとしてきましたが、このような援助停止の措置をとらねばならないのは本当に残念です」

このいかにも彼女らしい突然の援助停止宣言は、国連本部を揺るがす大問題になった。ボスニア問題への対策をＵＮＨＣＲの人道支援のみに頼ってきた国連安保理の欧州系外交官たちからは、緒方さんへの批判が相次いだ。

「なんであの日本人にそんな権限があるのか。一難民高等弁務官がこのような決断をしていいと思っているのか」

ボスニアのイゼトベ＝ゴビッチ議長もただちに批判した。

「これは金持ちが貧乏人に突きつけた恐喝《きょうかつ》以外のなにものでもない。和平の交渉が頓挫《とんざ》してしまう」

と論議を生み、緒方さんはニューヨークからもだいぶ叩かれた。

ガリ事務総長にとっても予想もしない出来事だった。全体を指揮していたガリは、緒方さんに援助を再開するよう指示した。

「私はなにも大統領や政府のために物を送っているのではなくて、市民のために送っているんです。相手は政治的な理由でボイコットしたわけですから、それなら停止すると言ったんです。あれは私の怒りでした」

安全保障理事会は緒方さんの決断に対して動揺した。それは彼女が安保理の仕事を肩代わりしていたからで、人道援助が止まってしまうと、他にやれることは何もなかったからだ。安保理はまさに裸の王様だった。だからあれほど動揺したのだ。

緒方さんの援助停止宣言は国連安保理の対応能力の弱さを白日のもとにさらしたのである。援助を妨害するセルビア側指導者には、国際世論の非難が集中した。

結局、その結果に満足したイスラム側はむしろ謝意を表し、

「状況をアピールする目的は達成された」

と三日後にサラエボ市当局に対し国連援助物資受け取りのボイコットを撤回することを表明し、ボスニアでの一方的な停戦を宣言した。

緒方さんの強硬姿勢が効果を上げ、人々への援助は再開された。これは緒方さんの作戦でもあった。

「脅しが効いたんです。政治が解決しない限り、難民問題も解決しないのです。政治対立が軍事対立になっていくという状況が止まらない限り、難民もなくならないのです。だから答えは、人道とかチャリティーといったことではないのです。人道的な支援で一時的には解決するけれども、根本的な問題は政治的な解決がなければならない。とくにその政治的な解決が軍事的な手段によって延ばされると、絶対に解決しないのです」

緒方さんは、その後もこうした一時停止を何度か行なった。援助物資を積んだイタリア軍の輸送機が撃墜され、パイロットが死亡するという事件が起きたときも援助を停止した。それを再開すると決めるのは、やはり援助が必要だからである。必要性と同時に、援助活動の安全性がどこまで確保されるかも重要なのだ。そのため、難民や援助活動自体が武力攻撃を受けることのないよう、緒方さんは紛争当事者たちと交渉を重ねなければならなかった。

紛争開始から三年半後の九五年十一月、ボスニアでようやく停戦合意が達成された。

紛争の最中で行われた空前の人道支援だった。援助に携わった五十人が命を失った。すべては難民を助けるための犠牲だった。

カンボジア難民に向けられた粋な博愛精神

九二年四月、長い内戦の終わったカンボジアに、タイ領からの難民の帰還が始まった。三十七万人もの難民を帰還させるという大仕事にかかわった緒方さんは、ある難民キャンプでたくさんの犬が飼われているのに気づいた。

カンボジアには犬を食べる習慣がないから、純粋のペットである。〝ピック（クメール語でダイヤモンドの意）〟から〝ニッサン〟まで名前はさまざまだが、キャンプでは各家族がそれぞれに籠《かご》を伏せて犬小屋にし、家族の一員としてかわいがっていた。

帰還の面倒を見る国連は、携行《けいこう》を許すものとして〝身のまわりの品と一家族につきニワトリ四羽だけ〟と布告した。

カンボジアは、こよなく犬を愛する人が多い国だった。最高国民評議会議長のシアヌーク殿下も、亡命するときには〝ミッキー〟というプードルを連れていた。その犬が北京で死んだときの嘆きようはたいへんなものだった。

緒方さんも大の犬好きである。さっそくカンボジア政府との会議のなかで、この〝飼い犬問題〟を取り上げ、キャンプをまわったときに難民たちが「犬を連れて帰らせて」と訴えた話が披露された。家も家財道具も失った難民からペットまで取り上げることはないというのが彼女の判断だった。

「せっかく慣れたペットだから連れて帰れるようにしたら？　お子ちゃまたちには帰ってもおもちゃも何もないのだから」

彼女の鶴の一声で、動物も一緒に引き揚げることは許可された。

「私だって〝クリストファー〟を捨てよと言われれば嘆き悲しむでしょう」

〝クリストファー〟とは、彼女が自宅で飼っているシェットランド・テリアの名前だ。いつもファックスが置いてある部屋で寝ていたクリストファーは、ファックスを受信するたびに吠えて主人に知らせていた。食料もろくにないキャンプで、自分の食事も削って犬に食べさせている難民の姿に、留守宅の愛犬のことが胸をよぎったのかもしれない。

また、現地で輸送の指揮に当たっていたUNHCRの特別代表セルジオ・デメロさんもこの件では同情的だった。彼もまた自宅に〝ソクラテス〟という名のベルジアン・シェパードを飼っていたからだった。

結局、家族とともにタイからカンボジアに移った犬は二万頭にもおよんだ。犬も一匹ずつ申告して書類に書き込むので、あとで現場はたいへんではあったが、心あたたまるこのエピソー

カンボジアとの国境付近のサケオ（タイ）にある難民収容所を訪れた際、子供に話しかける緒方さん［1979年11月20日］

ドは世界中の人々をホッとさせた。のちに緒方さんはこう打ち明けた。

「人間相手の仕事には柔軟性が必要です。国連はときに、柔軟性を欠くことがあります。そのほうがやりやすいことが多いから」

国際貢献の使命感は、もちろんある。しかし、それ以上に、緒方さんが難民に注ぐ眼差《まなざ》しのやさしさを支えているのは〝愛〟だった。規則など、変えてしまえばいいのだ。

「ジンバブエで見たんですが、子供が鳥を大事そうにかごに入れて連れて帰りました。家族がみんな揃《そろ》って帰っていくのを見るとうれしくなります」

世界という家庭のなかにある古風な日本人らしさ

九三年の暮、緒方さんはこう振り返っている。

「九三年を回顧すると、最大の成果はカンボジア難民帰還の完了。大きな失望は、ボスニア和平の停滞。その他、数えきれない小さな成果と些細な失意。難民の数も増え続けました。それでもわが家では、寿命とまで宣告された老犬が、なんとか家族一同と戌年の新年を迎えます」

〝世界〟と〝わが家〟は、ひと続きになって緒方さんの胸にあった。だからこそ、彼女は、わが家を失ってしまった難民に懸命に手を差し伸べ、数えきれない小さな成果を一つずつ積み上げようとした。

現地を視察中、護衛の男性たちの間に見え隠れする緒方さんの顔には、常に疲れはなかった。凛《りん》とした表情で打ち合わせに臨《のぞ》み、ときに穏やかな笑顔を覗《のぞ》かせた。不安と恐怖にさらされ、飢えて痩《や》せきった難民たちに向ける緒方さんの眼差しのやさしさとやわらかさの源をたどっていけば、そこには、妻として、母親としての彼女がいた。

ジュネーブでの数少ない彼女の休日は、学生時代から続けているテニスと、スコッチの水割りでリフレッシュした。家庭のあたたかみと愛犬のことを思い描きながら、四十郎さんとは月に一度会えるかどうかという日常を送っていた。

しかしながら、二人の子供を育て上げ家庭生活に馴染《なじ》んだ女性が、国際機関のトップの座に立つというのは孤独だったに違いない。レマン湖のほとりの公邸には、家庭のぬくもりはない。飾りっ気のない部屋のソファでわがもの顔をしているのは、四十郎さんがプレゼントした象のぬいぐるみだけだった。

オフィスの壁にかけてあったのは、見事な日本刺繍《ししゅう》の帯だった。ちょうど〝おたいこ〟に当たる部分だけを切り取って額におさめてあった。これは外国人の来客が多いので日本を象徴するために飾ってあるわけではなく、これは緒方さんの亡き母上の形見だった。

世界を相手に時代の急務をバリバリとこなす緒方さんが母上の形見をかかげて精出している姿は、やはり彼女がまぎれもなく日本人であることを思わせた。

「私なりのテンポで精一杯いまの仕事を成し終えたら、このあとはサッと引退して孫のお守りをしながら平穏な暮らしを楽しみたいですね」

当時のこんな控えめで潔い発言とは裏腹に、その後も多忙な日々は続いた。

六十代の現場主義

九三年六月、緒方さんの一行はクメール・ルージュ（ポル・ポト派）の支配地域にほど近いカンボジアの僻村《へきそん》に到着した。舗装されていない道を十五キロほど車に揺られての強行軍だった。

付近には地雷がびっしりと埋まっていた。武装勢力間の戦闘も絶えない。だが、国連の勧告を無視してタイからその村に引き揚げてきた難民がいる。緒方さんは彼らの様子を視察しに来たのだった。

家の前に座っている女性に、緒方さんは声をかけた。

「なぜここへ戻ってきたの。ここがどんなに危険かわからないの」

女性は肩をすくめるだけだった。女性は屋根葺《ふ》き職人だという。このあたりは屋根を葺くための竹が豊富だし、彼女は他の仕事を知らなかった。

緒方さんは、村の子供たちのことも心配でならなかった。その近辺には、地雷で負傷した人が三十一人もいるからだった。けれども質問を続けようとする緒方さんのかたわらで、職員がしきりに時計を気にしていた。ようやくそこを離れて足早にヘリコプターへと向かった緒方さんには、その後も過密スケジュールが待っていた。

その日、緒方さんは六時に起床した。ヘリで五カ所を飛びまわり、引き揚げ難民の村を三カ所視察し、食料貯蔵庫や学校、国内で難民化した人々の収容所もまわった。国連の地雷撤去訓練に立ち会った際には、目と鼻の先で本物の地雷が爆発した。

緒方さんのそんな毎日は、疲労との闘いの連続でもあった。千八百万人もの難民の面倒を見るのだから、並の六十代の女性には考えられないほどの体力と精神力が必要とされた。

緒方さんはこの年、タイからの最後のカンボジア難民の帰還を監督したほか、アフリカ四カ国を五日でまわり、サウジアラビアのイラク人難民を訪問、ミャンマーから追い出された少数民族の窮状《きゅうじょう》について話し合うためにバングラデシュにも訪れた。ボスニアにも何度も足を運んでいる。

緒方さんは、単純なデスクワークに満足するタイプの女性ではなかった。

「私は現場にいないと気がすまないんです。そうすることで、現場感覚を失わないようにもしています」

〝人間の盾〟を使って自ら身を守ったルワンダ難民

民族紛争では、救援を求める難民が、同時に紛争を引き起こした当事者でもあるという場合がある。もっとも犠牲が大きく痛ましかったルワンダ難民が、まさにそのケースだった。

長い民族紛争の歴史を持つこの小国では、ツチ族とフツ族が対立していた。植民地時代はツチ族が登用されていたが、社会革命が起こってツチ族とフツ族が争い、六二年の独立後は多数派のフツ族主導の政権となった。このときは、ツチ族が同じツチ族の支配するブルンジやウガンダに難民として流出していた。

九四年四月、大統領の飛行機事故死をきっかけに、フツ族の過激派によるツチ族大量虐殺が起こった。その数は八十万人にのぼった。それに対してツチ族は直ちに反撃に転じた。内戦に敗れたフツ族の兵士たちは復讐《ふくしゅう》を恐れ、フツ族の一般市民を率いてザイールや周辺諸国に逃れた。ザイールに百二十万人、タンザニアに五十八万人、ブルンジに二十七万人、ウガンダに一万人の難民が流出した。

これがルワンダ難民の実態だった。フツ族の兵士たちは、難民キャンプを支配し、祖国ルワンダへの反撃の機会をうかがっていた。

七月になって、ザイールに大量の難民が押し寄せた。わずか四日間で百二十万人の人々が国境を越えるという大規模な難民流出だった。緊急援助を進めるうえで問題となったのは、難民のなかに、多数の武装勢力が混じっていることだった。

「虐殺に関わった兵士たちを同じように救ってもよいのか」

難民を保護すれば、戦犯も保護することになる。救助活動にあたった緒方さんはジレンマに直面することになった。NGOのなかには、

「虐殺者まで援助することは倫理に反する」

とキャンプからの引き揚げを宣言し、緒方さんたちのやり方に厳しく抗議する人たちもいた。彼女はこう言うしかなかった。

「あなたたちは自由です。私は難民保護の任務を国連から預かっているから、難民がいる限り、嫌ですと言ってここを出るわけにはいきません」

UNHCRの援助が間違った相手に渡っていることは明らかだった。しかし、UNHCRは自分たちの力ではそれを止めることができなかった。フツ族の兵士たちは、罪のない難民たちを〝人間の盾〟として人質にとって自ら身を守るという悪賢い計算をしていた。

彼女は国連事務総長に一般の難民と犯罪人の仕分けをするための軍を出してほしいと交渉したが叶わず、戦犯も含めた難民のキャンプ運営をしなければならなかった。

緒方さんは当時、ザイールの国境沿いのゴマの難民キャンプへは、ひどい伝染病が蔓延《まんえん》しているにもかかわらず、年に二回は足を運んだ。とても運営の難しいキャンプだったのだ。彼女

がゴマを訪れた日にも、一日でおよそ二千人が死んでいった。コレラの流行が難民たちの命を奪い続けた。

難民から脅迫を受ける救援状態

そんななか、多くの難民がUNHCRの職員のところへ来て、ルワンダへ戻りたいと言った。すると銃を持った兵士たちが現れて、UNHCRの職員を脅した。

「そんなことをしたらおまえを殺す」

こうした状態では、キャンプのなかの軍人や民兵がことを起こさないように注意しなければならない。緒方さんは、ザイールの近衛兵と警察のエキスパートにコンサルタントになってもらい、キャンプ内に武器を持ち込まないように、また、物資の貯蔵庫が襲撃されないように監視し、そしてルワンダに帰りたいという難民は安全に国境まで送るという役目をお願いした。それも最初は効果があったが、やがてザイールの内戦に巻き込まれてうまく機能しなくなってしまった。

兵士と一般の難民を分離するため、緒方さんは国連軍を派遣するようガリ事務総長に依頼した。

「みんなが混ざっているなかに行って、この人はこちら、この人は武装解除、この人はあちらという仕分けをするのは、民間の機関ではできませんでした」

ガリ事務総長は、五十カ国に軍の派遣を要請した。しかし、それに応じたのはわずか一カ国。国連軍の派遣が実現することはなかった。

それは、多くの国がアフリカの出来事に対して無関心だったからだった。一種の差別ともいえた。ヨーロッパで紛争が起きれば国連加盟国の何カ国かは注目するが、アフリカで紛争が起きても注目はされなかったのだ。

明るさが見えてくる瞬間

結局、兵士と一般の難民とを分離することはできず、UNHCRの支援は虐殺を行なったフツ族武装勢力の温存に手を貸す結果になった。道義的な問題を理由に、民間の支援団体が次々と撤退するなか、それでも緒方さんは援助活動を続けた。

「UNHCRには、キャンプを見逃してどこかへ行くという自由はないのです。フツ族の難民キャンプのなかには、確かに民兵がいました。同時に、部族社会ですからその大家族のなかには女性や子供が半分以上いるわけです。そんななかで、けしからんと言って食料を止めるということはやはりできないんです」

その後、情勢は落ちつきを取り戻したが、簡単にことは進まなかった。

ルワンダの新しいツチ族政権は、避難先のウガンダから帰還したかつての難民によるものだった。彼らは、ザイールにいるフツ族難民をＵＮＨＣＲが保護することを非難し、一方のウガンダに残るツチ族難民に対してはより多く援助することを望んだ。

新政権はずいぶんと圧力をかけてきたが、ＵＮＨＣＲはウガンダからルワンダに帰還したツチ族にも、ザイールの内戦が激化したために半ば強制的に帰されたフツ族にも、同じように復興援助をした。彼らの家を直し、病院をつくり、学校を建てた。

ルワンダの難民にかつてもっとも心を痛めた緒方さんは、こう感じた。

「人間の集団というものはどろどろした恨みを持ち、それは人間の本性から発生するもので、どんなに酷いものか思い知らされました」

そんななかでも努力し続けていくと明るさが見えてくることもあった。

その後の二〇〇〇年に緒方さんがルワンダを訪れた際、大統領は改めて礼を言い、彼女に一枚の額を手渡した。

「自分たちは若い国で経験が浅く、勲章を出すなどということはやったこともないが、これをあなたに差し上げたい」

額にはこう書かれていた。

「あなたはルワンダの友であるということを布告する」

ＵＮＨＣＲという組織の置かれている立場の難しさを理解し、緒方さんが何とかして犠牲になっている人たちを守ろうとしたことをわかってもらえたのだ。もらった額を眺めながら、彼女はそうした明るさを感じていた。

大きく見えるようになった日本の顔

緒方さんは、ザイールでの自衛隊のルワンダ難民支援活動を評価し、その後も人的貢献を含め、日本が積極的に人道援助活動に参加するよう期待を表明した。とくに、難民の大量発生など緊急事態に迅速《じんそく》に対応する体制づくりを切望した。

緒方さんは、自衛隊派遣のタイミングが遅れた点について、最初に来た人たちの後を引き継ぐかたちになっていることを挙げ、派遣の意義を充分に認めた。また人道援助の現場での大規模な活動についてこう言って笑った。

「大きく日本の顔が見えるようになりました」

九四年十二月、職務を終えた自衛隊機がすべて帰還した。無事に任務を終えたのは喜ばしいが、史上最大の人道支援活動といわれるルワンダ難民救援に日本が参加したのは当然としても、大きな教訓も残した。

国際的人道支援活動のための準備が官民ともに不充分で、何をどんなことのためにするのか、国民的合意も希薄《きはく》だったことである。

四月に始まったルワンダ内戦は、結局、数十万人の死者と、二百万人以上の難民を出した。七月に入って、難民発生の速度と規模は、史上空前のものとなり、内戦による殺戮には手をこまねいていた国際社会も、アメリカ、フランスを中心に大小十数カ国が救援活動を開始した。

九月には日本政府も、難民キャンプのあるゴマに自衛隊を派遣することを決定した。これは国連平和維持活動等協力法に基づく〝人道的な国際救援活動〟として初のケースだったが、これをめぐっては少なからぬ議論があった。

この法律に基づく自衛隊派遣の是非、派遣のタイミング、現地の治安状況の把握などである。

緒方さんは、記者会見で現地の状況を、

「人道援助機関の限界を超える仕事だと思いました。人道機関のアピールに対し、各国の軍隊が反応してきたのは、新しい動きでした」

と説明した。

自衛隊がゴマで行なったこうした活動は、空輸、医療、給水、防疫などが中心だった。これについては、五十数億円もの費用をかけた割には、救援活動は目覚ましいものではなく、存在感が薄かったという見方もあったが、現地やＵＮＨＣＲはかなりの前進だったと賞賛した。

主要国の救援部隊が引き揚げた後となった派遣のタイミングのよしあしも判断が分かれると

ころだった。

しかし、このときの自衛隊の派遣は、緒方さんも指摘したように〝引き継ぐかたち〟だった状況で、やむをえず日本政府の責任において要員を派遣するのであれば、民間人は困難であることが背景にあった。治安に不安があればなおさらだった。

さまざまな見方ができるルワンダ難民救援のための自衛隊派遣だったが、国際的な人道救援活動に対する備えが、気持ちのうえでも、制度的、人的側面でも、官民ともに不充分な部分があったことを指摘する専門家も少なくなかった。

政府が、ともかく要員を送り込めば、国際的に言い訳がつくと考え、国民の間にも、自衛隊に任せておけばいいという気持ちが生まれるのは好ましいことではなかった。ルワンダ難民の自衛隊派遣にそうしたムードがなかったとはいえない。〝なぜ、どんな活動をするのか〟という国民的合意がもっとも大切なことだった。

平和な世界に住むことのできなかった二十世紀

兵士など紛争当事者を含む難民を救済することによって、UNHCR自身が争いに巻き込まれるケースは増える一方だった。

二〇〇〇年九月、独立をめぐって揺れるティモールで、UNHCRの職員三人が惨殺されるという事件が起きた。ＵＮＨＣＲが進めていたティモール難民の帰還活動が、あくまで独立に反対する民兵たちの攻撃目標になったのだ。民兵率いる三千人の群集が、ＵＮＨＣＲの事務所を包囲した。三人の職員は、刃物で何度も斬りつけられたうえに灯油をかけられて焼き殺された。

それを受けて、ジュネーブでは訪問先のイランから急遽《きゅうきょ》駆け戻った緒方さんを先頭に、千人を超すＵＮＨＣＲや国際機関の関係者が国連欧州本部前から市内をデモ行進した。犠牲者の写真に〝もうたくさんだ！〟と書かれたプラカードや〝殺戮をやめろ〟という横断幕を手に掲げ、武器を持たずに紛争地域に入り救援活動に従事している職員の安全確保を訴えた。追悼《ついとう》集会で、緒方さんは怒りを露《あらわ》にした。

「はっきり申し上げます。もう我慢の限界です。国際社会が事態を直視しない限り、私たちは任務を遂行できません」

緒方さんはティモールでのその残虐性には強いショック受けた。

「二十世紀が終わっても、そんなに平和ないい世界に住んでいるわけではないのです」

冷戦崩壊から十余年が過ぎたいまなお、世界各地で民族紛争の火種がくすぶっている。バルカン半島では九八年に再びコソボで紛争が起きた。ＮＡＴＯ軍による空爆はかえって多くの難民を生み出すという悪循環をもたらし、根本的な解決の難しさを印象づけた。バルカン、チェチェン、アフガニスタン、シエラレオネ、相次ぐ民族対立によって、世界の難民の数はこの十年で二倍近くに増え続けている。

問題解決がもっとも難しかった十年

難民高等弁務官に就任した半年後、緒方さんは感想をこう述べている。

「よくもこんなに難民関係の仕事ってあると思うほどでした。仕事はたいへんですけれど、やり甲斐があるかと言われれば、それはあります。人間の在り方というものにかかわった仕事ですから。それに何らかのインパクトを与える立場っていうのは、そう滅多《めった》にございませんから」

常識は通用しない世界だった。難民高等弁務官という仕事は、第二次世界大戦後、東西の冷戦のなかで生まれた。ソ連や東欧から逃げてくる人たちを、自由な国に送る。目的は非常に明確だった。弁務官事務所としてきちんと発足したのは、五一年だ。緒方さんは八代目だった。

「発足当時は弁務官の任期は三年でした。すぐ終わると思っていたんですね、難民問題が。理想は、〝なくなること〟だと思います。難民もなくなって、私の役割もなくなって、二千人のスタッフもみんないなくなれば、めでたしめでたしだけど、ここ当分はなくならないでしょうね」

冷戦終結後、民族問題が世界の中心の課題となり、民族間の対立が激しくなって、二十一世紀はむしろ難民が増える可能性もある。

「大量難民時代になってきました。一人ずつ定住先を見つけるという定住斡旋《あっせん》を行なっておりますけど、何十万の人の定住斡旋はできませんしね。それにヨーロッパの人たちは怖がるわけですよね。みんなヨーロッパへやって来るんじゃないかと」

ヨーロッパはそうしたことに理解がありそうな姿勢は見せるが、本音は違った。

「嫌なんですよ。私もヨーロッパの方に『何もね、ヨーロッパに来たくて出てくるんじゃありません』って言ってるんです」

アルバニアから大量の難民がイタリアに押し寄せた。警官に殴られて裸で転がっている難民の写真が世界にショックを与え、象徴的なものとなった。彼らの九十何パーセントは経済的な理由で出てきた難民だった。そんな彼らにも人道的な扱いをしてほしいと、緒方さんは自分の名前でアピールしたが、ほとんど難民の認定もしないままに帰してしまった。その仕打ちは手荒いということで、イタリアは国際的にも批判された。

安全の保障となっているUNHCRの存在

難民にもいくつか種類がある。基本的には、政治的な理由で逃れてくる人、つまり内乱、戦争、迫害などだ。五一年の『難民の地位に関する協定』というのは、個人の政治的迫害を対象とした条約で、これが基本とされてきた。それにOAU（アフリカ統一機構）の難民条約がある。国連事務総長や国連総会がこの人たちを難民として救済してほしいと決議する場合もある。経済難民という認定はない。経済的な理由で動くときは、どこまで強いられているのかという判断に難しい問題がある。だから、この人は難民である、難民ではないと認定するわけだ。それはある程度、国家主権に属していることである。

強いることはできない。しかし認定のプロセスに参加する場合はある。ただ、何十万という人が一度に出てきたときは、そんなことはしてないわけだ。

イタリア政府は認定していないけれども、経済難民で、迫害を受けていないと考えた。UNHCRからもアルバニアには人が派遣されている。ほとんどの人が迫害を受けているわけではない、と監視していた。

「もともと難民というのは東から出てくるものでした。東の政府は弾圧をしていましたから。それが民主的な体制に変わってきた。でも悪政の影響で経済的には破滅的状況にある国が多い。そういう国から出てくる経済難民をどう扱うか。ベトナムがいちばんいい例です。共産主義政治体制の結果としての経済破綻を、純粋に経済として考えるのか、政治の一部と考えるのかが難しいのです。経済と政治のインターフェースという考え方です」

クルド難民は明確に〝難民〟と言うことができ、〝認定〟を行なう必要のないケースだった。

クルド難民は、最悪の状態から完全に脱することができたと判断したか。

「峠は越したと思います。イランに百二十万人、トルコに五十万人くらい行きましたが、ほとんどイラクに帰りました。いまはイランに十六万人しか残っていません。でも、帰ったということと、うちに帰ったということは別なのです。テントで仮住まいしているわけですから」

安定した生活に戻ったというわけではなかった。

「イラクのクルドのケースは、まったく新しい問題なんです。イラク人をイラク領土で国際的保護をするという、難しい大仕事が起こったわけです」

主権国家に対するある種の介入ということになる。

「占領下と見る見方もあるのですが、占領軍というか多国籍軍が退きました。いまは、まったく素手の保護なのです」

「われわれの存在そのものが、一つの安全の保障となっているのです」

就任当時、UNHCRのスタッフは百八十人いた。それに各国から十五くらいのNGO（非政府組織）が来ていた。平均三人から十人くらいのグループだ。ほかに国連の平和維持軍をイラクが受けつけなかったので、国連の警備員たちを二百何十人か出してきた。

〝日の当たる難民〟と〝日の当たらない難民〟

世界には、クルドのようには注目されない難民も多くいた。当時もっとも深刻な難民は、エチオピア難民だった。日の当たる難民と、当たらない難民がいたのだ。それを助長したのはメディアである。政治的に大きければメディアが行く。クルド、カンボジアがそのいい例だった。たとえば、日の当たらないのは、アフリカでいうとリベリアだった。ここは長期政権がひっくり返った。難民が八十万人か九十万人、シエラレオネ、ギニア、コートジボアールなどへと逃げた。アフリカというのは従来、部族社会で、非常に寛容だった。自分の村に難民をみんな受け入れた。だからキャンプはなかった。

アフリカというのは、日本人にはとても遠いイメージがある。なかなか視野に入ってこない。しかしアフリカのなかでも、ＯＤＡの額で日本が援助第一国になっている国がかなりあった。ナイジェリアなどにおいては日本はいちばんだった。

「だから日本の存在というのは、向こう側にいると大きいんです。海外青年協力隊は、タンザニアには七十～八十人もいました。その意味では、いろんな期待感があるんです。だから、それにどう応えていくかが大事なんです。アフリカ全体を見ると、政治対立が解決の時代に入っていきつつあると思うんです。アフリカでは、それが始まっているんじゃないかと」

いい兆候だった。アフリカ統一機構の首脳会議というのが一年に一回あった。緒方さんも参加した会議だが、アフリカの四十五、六カ国の首脳が集まった。その合間に個々の二十五、六人の首脳と面会した。

だいたいにおいて、難民を抱えていた。そういう人たちがみな、民主主義、多党政治、人権保護などを強調するようになってきていた。

人道大国・日本へと導いた手腕

ここまで世界が小さくなってくると、結局全部つながっているわけで、自分の国だけ豊かで安全で平和で、というわけにはいかないということを認識せざるを得なかった。

「それにしても、難民、被災民、移民と……人間の動きの激しさにこれほど世界中が揺れ動いているとは思いませんでしたね」

対する日本の対応は、かわいそうと言うだけで、ほとんど実感のないものだった。

「少なくとも資金的にはね、政府も民間も、募金はたくさんある。民間では世界一だと思います」

実際に現地に出向き、汗を流すボランティアの必要性について、日本を推進した。

お金はとてもありがたいものだったが、日本のお金で他の国の人たちが来て働いているよりも、その仲間にもっと日本人も入ってほしいと感じていた。

ただボランティアというのは、ある程度訓練された人でないと困る。〝真剣勝負〟だからである。ボランティアの団体は日本でも急速に増えてきた。ただ、日本の国際社会におけるプレゼンスそのものが非常に大きい分だけ期待も大きかったのだ。

「なにもね、ボランティアで一生働いていただく必要ないんですよ。一カ月でもいいし、三カ月でもいい。企業や政府が出してくだされば、能力を持った人はたくさんいると思うんです」

いまの日本では、そういうことで会社を休めない。休暇もとれないような状況だ。しかしながら、たとえば、スウェーデンなど北欧三カ国からは、ボランティアの八十人がUNHCRに出向した。消防士や土木・水道・医療・通信の専門家たちである。こうした人たちの貢献は、本当に助かったという。

日本にもそうしたボランティアのネットワークをつくりあげつつあった。近い将来にカンボジア和平が成立すると、UNHCRが最初に動かなければならなかった。当時、カンボジアとタイ国境には三十万人の難民がいた。それを連れて帰って、保護と選挙権の認定をする。カンボジアの場合、日本も多く貢献してくれると緒方さんは期待した。

避難させただけでは終わらない本当の救済

難民の人たちを帰還させるだけではなく、生活を安定させることも必要だった。まず、帰還ルートをつくり、地雷を撤去し、一時滞在センターをつくり、食糧などを運ぶ輸送手段を確保しなければならない。その後、政治犯の全面恩赦《おんしゃ》と帰還の取り決めが南ア政府とＵＮＨＣＲの間で成立し、四万人の難民が帰国することになったが、きちんと全面恩赦が実施されているかどうかの監視も続けなければならなかった。いろいろな種類の仕事があった。

経済難民というのはないという点だが、中国からボートピープルが来たときの日本の対応について、緒方さんは語った。

「日本の法務省は、あの件は認定の結果、難民ではないということで帰したんです。ただ、その認定について上告した人がいました。その結論が出ないうちに帰国させたということは確かに問題だったと思います。もし今後、何十万という人が乳飲み子を抱えて船で来たりしたら、それは簡単なことではすまされません」

だから、周辺諸国の政治的、経済的、社会的安定のために日本も貢献しなければならなかった。日本人には意識変革が必要とされた。

「残念なのは、ジュネーブにいると、日本人の考えていることが聞こえてこないんです。日本って何考えてるんだろうかという感じなんです」

日本は人道大国たれ——緒方さんはそう力説し続けた。

Part 3

「女だったからこそできたこと」

世界が向けた〃聖母〃への視線

ごく普通の女性として持っていた結婚への憧れ

これまで緒方さんは、周囲からどう見られていたのだろうか。

彼女の高校時代の後輩は、〝才女のおしとやかさ〟をよく憶えている。

「他人を押しのけて、という感じがいっさいないんです。そのベースには母校の聖心の教育があるんじゃないでしょうか」

付き合いのあった留守宅の近所の主婦もこう振り返った。

「危険なところにお出かけになるようなイメージではなく、ごく普通の気さくな方ですよ」

緒方さんを知る人は、一様に彼女の気さくさと普通さを語り、だからこそいつもの奮闘ぶりに納得したり、少し驚いたりもしているのだ。

聖心女学院の小学校から大学までを通じて同級生だった後藤貞子さんは、緒方さんの少女時代の印象をこう回想した。

「当時からしゃれた感じで、はっきりものを言うタイプでした。私は二十歳で大学を辞めて結婚したのですが、貞子さんは『どうして大学を途中で辞めるの?』と残念がりながら、『私もときどき結婚したいと思うことも……』と結婚への憧れを口にしたのを覚えています」

勉学の道に進んだ才女にも、ごく普通の乙女心があった。

シャンソン歌手の石井好子さんも親しい友人だ。

「四十郎さんの父親（竹虎さん）と私の父親（光次郎さん）は、朝日新聞に勤務時代からの無二の親友。退社後、お互いに政治家となり、励まし合った仲でした。だから中学のころから家族ぐるみのお付き合いでした」

石井さんが夫人である緒方さんと最初に会ったのは、二人が結婚して十年ほど経ってからのことだった。

「非常に利発な方という印象でしたね。彼女が高等弁務官になられたとき、少しでも何かできたら、とチャリティーコンサートを開くようになりました。二〇〇一年のコンサートには、貞子さんも出席してくださったんですよ」

また、親交のあるジャーナリストの下村満子さんもこう評した。

「彼女はまさに〝信念の人〟。世界中から高い評価を受けてきたのは人格と実力を兼ね備えているから。キャリアウーマンとしてバリバリ仕事をこなすだけでなく、いわゆるお嬢さま的な可愛い面も併せ持っていて、まったく飾らず自然体で言葉を発し、行動する人ですね」

一見おっとりしたお嬢様育ちのようにも見えるが、実は緒方さんは学生時代から、勉強、恋愛、スポーツ、会合への参加など、すべてを活発にこなす社交的な女性だった。

夫の四十郎さんも〝東大の秀才〟と評判が高かった。おまけに大政治家の息子という家系もあって、世界中に友人がいた。その後も夫婦はそうした人脈を培い、互いに役立っていった。

これは普通の日本人が真似できることではなかった。緒方さんの弁務官就任を政府も財界もこぞって後押ししたのは、そうした諸々の背景もあった。

また、緒方さん自身の結婚についても、

「女性が単身赴任をしても理解あるパートナーに支えてもらえる緒方先生のような結婚が理想」

という女性たちの声が周囲でよく聞かれた。

上智大学出身で、〝緒方先生は私の憧れであり、尊敬する人〟という野坂淳子さんは、いま日本国際交流センターで働いている。

「緒方先生を通して、私は仕事と家庭を両立しながら成功している女性を初めて知りました。国連の就職セミナーでも『結婚していても、もし単身赴任のチャンスが来たらどうしますか？』という質問が出ましたが、以前なら考えたこともなかった。理解あるパートナーを持つ緒方先生は、カップルとしても私たちの理想像でもあります」

しかしながら、勉強、仕事、子育て、両親の世話まで全部こなした緒方さんのようになるためには、並たいていの努力では足りないだろう。

内面からあふれ出るエレガンス

「社交辞令でない誠実な対応で、相手の心を開かせる人」

と彼女を評したのは、緒方さんがお気に入りのファッションデザイナーの芦田淳さんである。

「すばらしいお仕事をなさりながらも、傲慢さの微塵もない。あるときは身近なおばさまのようでもあり、あるときは崇高な人格者、またスポーティでお茶目な一面も。ですからあらゆる人に愛されるんでしょうね。洋服を素敵に着こなすのも、内面からあふれ出すエレガンスゆえ。若い女性にぜひ目指してほしいですね。洋服は、都会的でオシャレなものがお好きで、グレーやブルー、茶色などベーシックなものを好まれるようですね。シルバーのマニキュアを欠かさず、おしゃれで若々しい人です」

彼女があれだけ魅力的なのは、気さくな夫のせいでもあると言う人は少なくない。

「貞子さんが国連公使になったときも『貞子さんのほうが偉くなっちゃうんじゃないの？』とからかうと、四十郎さんは逆に『私はいつも国際的な仕事をしたいと思っているから、公使の連れ合いが集う会でもあったらなぁ』なんて笑ってらしたんです。とても仲のよい素敵なご夫婦ですよ」

人の心を打つ彼女の無償無私の行為は、夫の支えのうえに成り立っている。

「貞子さんが苦しんでいる人たちを見ているつらさ、すべての人を助けられるわけではないもどかしさを四十郎さんが慰めてくれたんです。夫の愛情に包まれているからこそ、肩ひじを張って、死にもの狂いにならず、おっとりと穏やかでいられる。本当にすごい姿だと思います」

緒方さんも大好きだった『窓際のトットちゃん』

八三年に緒方さんの薦めでユニセフ親善大使を引き受けた女優の黒柳徹子さんはこう振り返った。

「推薦してくださったのは緒方先生です。〝アジアからひとり親善大使を〟というニューヨークのユニセフ本部のグラント事務局長と緒方先生がお親しく、先生は私を推薦したいと考えていらしたようです」

黒柳さん任命の理由のひとつには、大ベストセラーとなった著作『窓際のトットちゃん』があった。

「日本で『窓際のトットちゃん』の英語版を緒方先生がグラントさんにお渡しくださったんです。グラントさんは、本屋さんをかけずりまわって英語版を十冊手に入れてニューヨークで、ほかの職員にも見せたそうです。そして『これほど子供のことをわかっている人なら』ということで私を任命してくださったのです」

黒柳さんも緒方さんの生き方を高く評価した。

「緒方先生は最高の女性だと思います。優れた判断力をお持ちだし、行動的でいらっしゃいます。何カ国語をお話しになるかは存じませんが、英語に関しては日本語とまったく同じで、母国語のようにお話しになります。

妻であり、母であり、主婦であり、と全部経験していらっしゃるのも、いろんなことを考えるときに強いんじゃないでしょうか。米国のオルブライト前国務長官のように、見た目がお母さんのようなところもありますでしょ。独身でずっとやってきたキャリアウーマンじゃないところがね、すごいなと思っちゃうの」

手料理を振る舞われたこともあるという黒柳さんによれば、献立は完璧、もてなし方のうまさも格別だったという。これも国際舞台での積み重ねたキャリアのゆえだろう。

財界の人脈から得た支援

「若いころから非常に真面目で、知識の豊富な親しみの持てる方でしたね」

と語ったのは、日本商工会議所会頭の石川六郎さん（鹿島建設会長）である。

緒方さんの父親の中村豊一さんは鹿島建設の顧問を務めたこともあり、石川さんは家族ぐるみで仲よくしていた。緒方さんの弁務官就任後も応援し続けた。

一見穏やかな雰囲気をたたえる緒方さんだが、人と意見が対立すると反論を欠かさず、けっして妥協は許さなかった。あるインタビューのときもそうだった。日本は難民問題への貢献度が低いのではないかという記者からの何気ない質問が、緒方さんの気に障《さわ》ったのだ。

「誰がそんなことを言っているの？　それは事実に反します」

彼女が弁務官に就任してから、九〇年には五千百万ドルだったＵＮＨＣＲへの日本の拠出金が二年後には一億千九百六十万ドルに跳ね上がった。

「九一年末には、特別なプロジェクト用の資金はほとんどありませんでした。それを救ってくれたのが日本の財界や私の友人たちでした」

と彼女が語ったように、湾岸戦争でのクルド人難民においては「難民救済民間基金」の設立を訴え、協力を求めるために日本にも帰国し、財界、官界、文化界の人々を説得してまわった。これにこたえて、経団連や日商などがたちまち十五億円の基金を集めた。海外からは、アメリカのロックフェラーも彼女の要請に応えてすぐにチェックを贈ったという。

旧友だった故盛田昭夫ソニー会長からは三百万ドル、経団連からも九百万ドルの資金提供があった。これらは、クルド人に厳しい冬をしのぐ施設を提供するプロジェクトなどに使われた。

「あのお金はまったく〝ヒモ〟のついていない援助でした。これは非常に重要なことです」

だが、これには、暗黙の条件が少なくとも一つあったともいわれる。〝日本はカネは出すが難民は受け入れない〟という条件だった。

こうした政治力、交渉能力に加えて、彼女には何か人の心の琴線《きんせん》に触れるような不思議な力があった。〝マザー・サダコ〟というには彼女はもっと人間的だが、弱者に対する眼差しやケアリングの精神には、常人を超える何かを思わせるものがあった。

UNHCRに施したショック療法

ＵＮＨＣＲは、九一年に緒方さんを迎えるまでは、どこかのんきな組織だった。五一年に設立された当初は第二次世界大戦後のヨーロッパ難民対策が中心で、オランダ人外交官一人が主に法的なアドバイスをするような機関だった。それまでの弁務官は、金持ちが一種の趣味で就任していたようなところがあり、ＵＮＨＣＲ全体がのんびりしていた。

難民は増え、しかもアフリカ、アジアなどヨーロッパ以外の地域で多発するなど状況は激変しているのに、組織は従来の優雅なサロン的ムードから抜けきれていなかった。歴代の国連難民高等弁務官は、西洋か中東の金持ちが就任し、いわば慈善事業という性格があった。

初めてアジア出身者が就任したことで、周囲には、さてどうなるかという冷ややかな空気もあった。

緒方さんは弁務官として、けっして初めからあたたかく迎えられたわけではなかった。

就任後間もなくの記者会見では、緒方さんは普通の言葉で、しかし見事な英語でわかりやす

く説明をした。そばにいたＵＮＨＣＲの広報官が会見後の雑談のなかで
「新弁務官はどうも専門用語をご存じない」

と記者たちに軽口をたたくと、年配の英国人記者がその場をこう代弁した。

「ミセス・オガタには、どうか専門用語になどに精通なさらぬようお伝えください。いまのままでいてほしいと」

しかしながら、そのときのＵＮＨＣＲの広報官のひと言が彼女のやる気に火をつけた。その後の弁務官就任後の会議では、事前に配られた英文資料に目を通してこない幹部を前にこう言いきった。

「私はすべて読みました。みなさんも次回からはちゃんと読んできてください」

また、英語の書類が届くと誰よりも早く読み終え、まだ読み終えていない職員に指摘した。最初から周囲の本部スタッフは緒方さんの指示を素直に聞き入れたわけではなかった。さらに、緒方さんはいくつかの規則や慣例に関して要求を聞き入れてもらうために座り込みのハンガーストライキを行い、組織に対して〝ショック療法〟を試みた。

その後、これほどまでにきちんと仕事をする人がやってきた、と周囲の見方が変わった。

緒方さんが就任して以来、ＵＮＨＣＲの雰囲気が一気に引き締まった。こういうインパクトを与えた日本人は、かつていなかった。

救援活動に引き起こした当時の構造改革

緒方さんはいまや世界のメディアに登場しない日はないほどまでにＵＮＨＣＲの存在を広め、モラールアップをもたらした。この間に世界の難民が急増しＵＮＨＣＲの重要性が自然に高まったという事情もあるが、トップの采配《さいはい》がもたらした効果も小さくない。

緒方さんは九一年二月、就任後初の部内向け挨拶で次のように述べた。

「ＵＮＨＣＲは直接的な職権の範囲内に閉じこもるのでなく、世界のニーズに沿ったより広い輪郭《りんかく》に対応すべきだと思います」

この言葉が、ただのお題目ではないことは、すぐにはっきりした。湾岸戦争で大量発生したクルド難民の問題が国際的にスポットライトを浴び、ＵＮＨＣＲが従来の枠を超えた活動に踏み込むかどうかの分岐点を迎えたからだ。

緒方さんはこのときのＵＮＨＣＲの対応を〝レボルーショナル（革命的）な変化〟と振り返った。

しかし前例のない緊急事態の対応に万が一失敗すれば、世論の批判を受ける可能性もあった。

「そのレッスンが、私にとっては非常に厳しい体験でした」

という緒方さんは、その後ただちに、緊急事態への対応チームをつくり、緊急援助資金として二千五百万ドルを確保した。世界各所に救援物資を保管する倉庫を設置し、空輸システムとともに、二十四時間以内に世界中に専門家、現地の担当官などを送り出せる体制をつくり上げた。

クルド難民対策の決定までの速さと、その後の援助活動は国際社会の注目を集め、UNHCRと緒方さんの名声は一気に高まった。これを機に部内の評価も急上昇した。UNHCRの活動の選択肢も広がり、緒方さんにとって幸先のよいスタートとなった。

その後は、今週ジュネーブにいたかと思うと、翌週ルワンダ、翌々週ニューヨークといった具合だった。三年で地球を四周半した。ニューヨークはともかく、ボスニア、ルワンダなど、出張先はどうしても条件の厳しいところが多かった。凄《すさ》まじく多忙なスケジュールが緒方さんを襲った。

世界を飛びまわるだけでなく、ジュネーブの本部に滞在中は、日程も分刻みだった。会議の連続、ひっきりなしの来客、そして電話。事務所の執務時間は九時から五時と決められているが、緒方さんは早くて七時半、普通八時過ぎの帰宅となった。九一年に就任以来、土日のどちらかに出勤という役所言葉の〝異常事態〟はずっと続いた。

民間でもトップは常に忙しい、という声があるかもしれない。だが、弁務官事務所の機構表を見ると、ユニセフ、国連大学、国際通貨基金など他の機関と違って、高等弁務官というトップの役職が組織名になっている特異なオフィスであることがわかる。発足したばかりのころは難民がごく少数だったので、組織上あらゆる問題の採決が弁務官に集中するトップダウン方式でよかったが、三年間で職員が倍増した緒方さんの代になっていよいよ多忙になったのは、制度上当然の成り行きでもあった。

理屈よりも現実と使命を重んじる姿勢は、学者出身のイメージとは少し違う。この点について緒方さんは〝自分はプラグマチスト（実行主義者）〟と言い切った。重要なのは「現実への対応、そしてその一番もとにあるのは犠牲者の保護」という精神だ。

彼女の一貫した人道主義は、どのように培われたものなのかを、キリスト教徒であることに求める人もいる。同じカトリック教徒として二十年以上、家族ぐるみの交際を続けている山本正・日本国際交流センター理事長は彼女をこう評した。

「理想主義と使命感を持っている。カトリックのいい面が出ている人だ」

かつて前経団連会長だった平岩外四さんは難民キャンプにいる緒方さんの写真を見て、

「聖女が立っている」

と言った。

対人関係にあった人気の秘密

緒方さんはふだんはＵＮＨＣＲの職員たちから、愛情をこめて〝ハイ・コム（高等弁務官の略称)〟と呼ばれている。小さな体でジュネーブに単身赴任し、世界の難民キャンプを精力的に歩きまわる様は、まさにその愛称にふさわしく、常に人気者である。

そんな彼女を、部下たちはしっかりと支えた。UNHCRのカンボジア事務所代表のセルジオ・デ・メロさんは言った。

「なんと勇気のある人かと思いました。パニック状態に陥っておかしくない状況でも、彼女は平静を失わない。あんな細腕でこれほどの指導力を発揮するとは思ってもみませんでした」

緒方さんはまた、必要とあらばためらわずに本音を語った。弁務官に就任して間もないころにノルウェーで行なわれた記者会見で、クルド人に対するイラク政府の行為を緒方さんは〝大虐殺〟だと言い放った。ジュネーブは大騒ぎになった。

「彼女はいったいどうしたんだ? 自分の言ったことがわかっているのか?」

という声が飛び交った。緒方さんは自分が何を言ったのは、よくわかっていた。後に彼女は同僚にこう語っている。

「あの発言で非難を浴びるのは覚悟のうえでした」

だが結局、どこの国からもいかなる抗議もなかった。

歯に衣着せぬ発言は、何もこのときだけではない。最近カンボジアでシアヌーク殿下と非公式に会った際も、ベトナム系の少数民族に対する暴力を非難するように迫った。自分はその任にないとシアヌークが答えると、緒方さんは即座に切り返した。

「〝精神的な影響力〟を行使できるのはあなただけです」

シアヌークは後に、この暴力を非難する声明を出した。

こうしたもの言いができることも、部下たちから一目置かれる理由である。

もう一つの人気の秘密は、タフなイメージとは裏腹の人当たりのよさや、女性らしい細やかな気配りを随所《ずいしょ》に見せる点だ。親しげな感じで手を振ってくれたり、威厳《いげん》の漂う顔立ちが人なつこい笑顔に変わる見事なコントラストが人を引きつけた。

フランス語を操るエレガントな将軍

緒方さんはUNHCRの幹部にも若手にも態度を変えずに接していた。難民にも紛争当事者にも援助国政府高官にも分け隔てなく接した。

現場ではテレビ映りがよく、でも身軽に動けてアイロンの不要な服を心がけた。おしゃれだった。流行のアクセサリーを着けた職員には「どこで買ったの?」と聞き、スカーフの結び方を凝った職員には「いいわね」と声をかけた。

朝、緒方さんは執務室に三十分早く来てフランス人職員を先生にしてフランス語を磨いた。フランス語のスピーチを書き、『ル・モンド』紙を読む。緒方さんほど資料を読む高等弁務官はいなかった。

ＵＮＨＣＲも世界百十五カ国に二百七十もの事務所、約五千人のスタッフを抱える巨大な組織に膨れ上がった。年間二十数カ国、地球三周以上に相当する距離を飛びまわっても、直接指揮を執れるのは全体のごく一部にすぎない。しかし、ジュネーブの本部にあっても強烈な存在感を発し続ける緒方さんは、欧米の援助供与国や世界各地のＵＮＨＣＲ職員に好感を持たれると同時に希望も与えている。

ＵＮＨＣＲの職員はときに、難民問題に挑む勇ましい戦士である緒方さんのことを、親しみを込めて〝ジェネラル（将軍）〟とも呼んだ。

大嫌いな〝お役所人間の騒ぎグセ〟

国連のようなお役所組織の一部では、緒方さんの率直さが疎《うと》まれることもあった。国連のベテラン職員がこう言ったこともあった。

「われわれは常にスマートな外交官たることを信条にしてきた。政府に食いつく緒方さんのスタイルが手本になっては困る。いまや事務総長さえ、その轍《てつ》を踏んでいる」

だが、緒方さんがこうした批判に動じる気配はなかった。仕事でいちばんうんざりすることは何かということについて、彼女はいたずらっぽい目で答えた。

「お役所人間がつまらないことで騒ぎ立てることです。それに、波風を立てまいとする現状維持の気風です」

そんな緒方さんのスタイルをもっとも端的に表しているのが、スポークスマンの選択だ。UPI通信のベテラン記者だったフォアさんは、緒方さんに劣らず率直なもの言いをした。採用面接で初めて緒方さんに会ったとき、フォアさんは彼女に、仕事としてはお互い完全にオープンにやりたいと言った。その面接だけで、緒方さんは彼を採用したのである。

緒方さんのニックネームを広めたのも彼だった。九二年、ロサンゼルスで催された資金集めのパーティーに緒方さんが出席したときのこと。遅れてやってきたある映画プロデューサーが会場を見渡して、大きい声を出した。

「おい、〝難民ねえさん〟はどこにいる?」

それ以来、ボスのいないところでは一部のスタッフが愛情を込めてそう呼んでいた。たとえボスの耳に入ったとしても、それしきの呼び名のことで目くじらを立てる緒方さんではなかった。

〝怒り〟こそが原動力

彼女の〝不動の精神〟を世界が思い知らされたのは、九三年のボスニアでの〝援助の一時停止〟だった。スジを通すためならガリ事務総長すら敵にまわす度胸には、天晴《あっぱ》れというところだ。

それにしても、何が彼女をここまで駆り立てているのか。それは〝怒り〟だと『ボーグ』誌は指摘した。ソマリア難民キャンプを訪れたとき、彼女は栄養失調で痩《や》せ衰えた赤ん坊を抱いた母親たちに取り囲まれ、せめて子供たちは助けてほしいと懇願《こんがん》されたことがある。そのとき、緒方さんは拳《こぶし》で車の屋根を叩き、語気を荒めた。

「私が許すまで二度と尊厳という言葉は使わないで。ここには人間の尊厳のかけらもないわ」

自制心の強い人ではあるが、最低の人権すら守られていない状況には怒りを爆発させる。それが彼女の原動力なのだ。

多くの難民が飢えと戦火の恐怖のなか、じっと彼女の助けを待っている。彼女は、どんな悲惨な状況下にあっても絶望するのではなく、怒りをバネに前進しようとする女性だった。

「エネルギッシュなうえに理論的。周囲にも細かく気を配る。〝行くわよ〟が合図で身が軽い」

「国際社会に日本をアピールする影響力では、外交官三十人分に匹敵する」

と周囲は絶賛の嵐だった。

難民キャンプの〃オガタサダコ〃

ルワンダの難民のキャンプには、もう一人の〃オガタサダコ〃がいた。以前に緒方さんが訪れたときに生まれた子供である。彼女の名をつけるということは、彼女たちがキャンプを整備し学校を建てて難民を支援してきたことを喜んでもらえている証拠だった。

緒方さんは、オガタサダコの一家に一頭の牛を贈った。ルワンダでは牛がもっとも上等な贈り物だ。彼女自身、以前にルワンダの女性たちの更生計画を支援したお礼として一頭もらっている。連れて帰るわけにはいかなかったので、キャンプに残してきた。贈ったのはその牛が生んだ子牛だった。

何百年の怨念《おんねん》が渦巻くバルカン半島でも二〇〇〇年春から、故郷を追われた人たちが自分の家に戻り始め、壊された家の掃除をし、一部屋ずつ修繕している。デイトン協定による和平が五年続き、他民族同士でも一緒に暮らす以外に方法がないのではないかという気持ちにやっとなったのだ。辛抱強く支援すれば、このように状況が緩和されていくことも少なくなかった。

難民問題が見事に解決した例もあった。カンボジア難民問題だ。国連のカンボジア会議が主導して和平を成立させて、一時的に国連軍も出して統治する。その過程で緒方さんは難民の帰《き》還《かん》を図《はか》った。四十万人もの難民が故郷に戻っていき、最後のキャンプを閉鎖するに至ったときは感動を覚えた。

九三年三月、タイのカンボジア国境沿いに残っていた最後のカンボジア難民キャンプ「サイト2」が閉鎖式を終え、十四年間にわたるカンボジア難民キャンプの歴史は幕を閉じた。緒方さんはこの「サイト2」の閉鎖を、〝UNHCRの歴史の重要な一章の終わり〟と位置づけた。

ウクライナのクリミア半島でもうれしいことがあった。第二次世界大戦中、スターリンはウクライナに住むタタール人をウズベキスタンに追放している。戦後、彼らは戻りたくても帰る家がなくなっていた。そのため、UNHCRが既存の公共の建物をアパートに改築した。費用には日本の財団から拠出された難民基金を充てた。

そのアパートで暮らす二人の女性が、やっと先祖の墓の近くに戻ってくることができたのはUNHCRがアパートを用意してくれたお陰だった。緒方さんは、

「あんなにあたたかくお礼を言われたことはありません」

と語った。

スターリン、ルーズベルト、チャーチルによって、日本の敗戦の契機となったソ連の参戦を決めたヤルタ会談が行なわれたクリミア半島に、日本の民間が拠出した金で住居をつくり、それを喜んでもらえているというのは、なんという歴史のめぐり合わせであろうか。

海外も認めたリーダーの風格

ジョージタウン大学当時からの友人マーガレット・マホニーさんによれば、緒方さんは学生時代から抜きん出ていたという。

「彼女は、なるべくしてリーダーになった人です。柔軟な考え方や人生に対する積極的な姿勢からして、それは明白でした」

若いときから漂っていたリーダーの風格については、その後のジュネーブでも広く認められることとなった。メディアや欧米外交官の間でも、緒方さんの名前は模範的リーダーの代名詞として、たびたび引用されている。

「どんな人の前でももの怖《お》じしない。たとえエリザベス女王とでも友達になれる人」

という級友もいた。

「彼女は小柄なのに大きく見えるんです」

とボストン市日本協会のヴァーノン・オールデン会長は笑った。

「誰とでも気軽に挨拶をされますが、誰にも愛想をふりまく八方美人ではないんです」

と元アメリカンクラブ会長のロバート・コリンズさんは語った。

高等弁務官の三期十年を務めた彼女の情熱と実行力は、国際社会の注目の的となった。〝世界の良心〟(米タフツ大フレッチャー法律外交大学院卒業式で同大学長)、〝小柄ではにかみ屋〟（『ニューズウィーク』誌）、〝頼みの綱の女性〟（『エコノミスト』誌）、〝小柄でエレガントだが、ストレートで冷静沈着〟（アメリカのコラムニスト、フローラ・ルイス）、〝小さな巨人〟（『テヘラン・タイムズ』紙）など、緒方さんにまつわる描写や称号には枚挙にいとまがない。

かつて赤十字国際委員会（ＩＣＲＣ）のコルネリオ・ソマルガ委員長は、人道援助にかかわる機関の責任者同士として、緒方さんとは自宅に電話をかけ合うほど親しい間柄だった。彼女の仕事ぶりへの感想をこう述べている。

「リーダーとして素晴らしい。それにとても勇敢。ボスニア・ヘルツェゴビナの国内避難民を救うため、国連本部の言いなりにならずに指揮を執ったこともある」

国連機関という官僚機構ではトップの座にいるほど内部の批判にさらされやすい。そのなかで彼女ほど悪口を耳にしない人は珍しかった。欧米の紙誌でも悪評が出ることはまずなく、各国外交団の評判は抜群によかったのだ。当時、国連職員の間で幹部の人気投票をやったら一位になってても不思議ではないほどだったという。ヨーロッパのマスコミからは、何度も次期国連事務総長に推されることがあった。

誰とでも会い、どこにでも出かけていく気軽さ、そして何よりも仕事への実直さが批判を封じ込めたのだ。

同じ日本人として国連で活躍した明石康《あかしやすし》・旧ユーゴスラビア担当国連事務総長特別代表も絶賛した。

「頭脳明晰。指導力があり、UNHCRに新しい活力をもたらした」

国連外交界の週刊誌の『ディプロマティック・ワールド・ブレティン』誌は、国連事務総長候補に緒方さんを推薦し、話題となった。

常に初めは海外で評価される優秀な日本人

九三年、〝日本のマザー・テレサ〟としてエネルギッシュに活動した緒方さんを『ニューヨーク・タイムズ』紙はこう評価した。

「彼女に経験と素養と指導力があるかどうか――その答えはイエスだ」

弁務官とは因果な仕事で、現地スタッフや難民たちの命を一手に預かり、並の神経なら眠れない夜が続くが、緒方さんはそんな気配を微塵《みじん》も漂わせない。

九四年、『エコノミスト』誌は彼女をこう指摘した。

「この高等弁務官は、敵をつくることを恐れないが、実際には敵はほとんどいない。彼女の話しぶりは落ち着いていて、どんなときでも丁重さを失わずにいる。しかし、その底にあるのは、鋼にも似た確信だ。率直なもの言いながら、つけ入る隙がない」

誰よりも自分に厳しく、真剣に誠実に考え抜いていればこそ、彼女は戦地へ人を送り込む重責に耐えられるのだ。

九四年、「援助（Helfen）とは希望を持つ（Hoffen）ということ」と題したドイツの『ツァイト』紙のインタビューで、難民流出が多いのでときには勇気が挫《くじ》けるのではと聞かれても、

「いいえ、私はそういうタチじゃありませんから」

と一笑に臥《ふ》した。

九五年、アメリカの『ボーグ』誌は彼女をこう評した。

「自分に厳しくタフな彼女は、ときとして周囲の人間には恐ろしい存在だ。けっして疲れたことは認めないし、足を骨折しようがギプス姿で難民キャンプの視察に出かける」

自己規律の厳しさに加えて、彼女には本質を見極める能力があった。

「正解かどうかは問題じゃない。大切なのは正しい質問をしているかどうかです」

とそれまでも繰り返していたが、規模も違えば事情も違う難民問題に直面して、正しい質問を立てるためにスタッフよりも早く多くのデータに目を通し、自ら現地に出向いた。それは最初の四年間で四十カ国をまわる意気込みだった。

その年、各地で紛争や悲惨が続いている状況を改善しようと東奔西走した人として、緒方さんはローマ法王ヨハネ・パウロ二世と並んで挙げられた。

九六年、イギリスの『タイムズ・マガジン』は、〝世界でもっとも影響力のある女性〟として第九位に選んだ。

「独立独歩の弁務官は敵をつくることを恐れない。言うべきことは言い、不動の精神で国連の悪しき官僚主義に立ち向かっている」

というのが理由だった。

『ニューヨーク・タイムズ』紙は社説で、〝日本の国際社会での積極的な役割を象徴するもの〟と、その活躍ぶりを讃《たた》え、世界に通用する数少ない国際的日本人の顔となった。

シンガポールのリー・クアンユー上級相は、緒方さんをこう評した。

「こういう日本の顔、こういう日本をわれわれは待っていた」

それは軍事力でもたんなる経済力でもない、人権、難民、環境、開発、紛争予防というようなシビリアン・パワーとしての日本の使命と役割への期待を語っていた。緒方さんはそのたくましい知性と現実感覚あふれるビジョンとたぐいまれな行動力によって、それを理念から行動へと翻案《ほんあん》し、さらに体現した存在となった。

九九年、緒方さんはチャリティーコンサートに招かれ、ドイツのシュレーダー首相から名指しでスピーチまで依頼された。難民への支援と感謝を訴えつつ、コソボ問題をうまくまとめ上げたシュレーダー首相の議長采配ぶりもさりげなく讃えて締めくくると、会場の拍手は鳴りやまず、緒方さんがクリントン大統領以下、参列の首脳たちを従えるようにして退場したのである。居合わせた日本人たちも、日本の貢献は金だけではないと溜飲《りゅういん》を下げて感謝した。

二〇〇〇年には森喜朗首相のアフリカ歴訪には彼女も同行したが、英語が喋れない首相よりも高名な彼女にアフリカの首脳は駆け寄り、

「おかげで難民が救われました」

と抱きしめるほどの歓待だった。

二〇〇〇年十二月、法王ヨハネ・パウロ二世は、ＵＮＨＣＲの五十周年にあたって緒方さんにメッセージを送った。

「あなたの存在と活動はＵＮＨＣＲの歴史に不滅の足跡を残した」

国際機関のトップには物議を醸《かも》す人物や信頼されていない人物が多く、ときには汚職に走る者もいるなかで、緒方さんは高潔な人格と献身的な仕事ぶりで模範を示した。国連難民高等弁務官の座にあった十年間で、彼女はたった一人の力で国際社会における日本のイメージを大きく引き上げた。

〝ミセス・オガタ〟の名は、日本でよりも先に海外で轟きわたった。

女性の社会進出における自然体

子育てに手がかかっていたころ、軽井沢の別荘では珍しく〝弱音〟を覗《のぞ》かせたこともあった。

「二人の子供が小さくてたいへんなの。キャリアと言えば聞こえはいいけど、女のたいへんさは変わらないわ」

それからしばらくして上智大学で教鞭《きょうべん》を執っていたころ、〝家庭と仕事を両立させている緒方さんのようになりたい〟と願う女子学生は少なくなかった。そんな彼女たちからしばしば女性が社会進出するときの不利をどう克服するかと聞かれた。緒方さんの答えは簡明だった。

「女性と男性はサイクルが違うだけです」

女性が子供を産み、育てることは確かに社会のキャリアを重ねるうえでハンディになるが、「男性と同じサイクルを歩まなくても出産し、子育てするのも幸せであり、喜び」

人生をトータルすれば同じ、の意味だった。自然体を極めると、自身が女性であることにもこだわりはなかった。

自分自身が達成したことへの満足度について、緒方さん自身は控えめな態度を示している。

「私は満足というより、進歩したことに勇気づけられています。これは社会全体の進歩です。国連はまだ女性の権利で遅れている国に対し、権利拡大の必要性を訴える役割を果たさなければなりません」

女性の権利拡大の時代でもあった二十世紀

上智大学教授時代の同僚である鶴見和子名誉教授は、緒方さんの〝女性としての特性〟を指摘した。

「緒方さんの上智大学教授時代は、お子様方は大学生でしたが、そのときでも、病床のお母様への献身的な介護を続けていらっしゃいました。あれだけバリバリ仕事をこなしながら、妻として、母として、娘として家族や周囲の人々を大切にする本当のスーパーレディでした。

あれほど国際的な官僚機構のなかに入りながら、緒方さんは男性の位階主義や管理主義とは違う女性のやり方を貫いている。国連の最高指導部と緒方さんの意見が一致しない場合でも、彼女は決然として自分の考えを述べる。あれは、男にはできないことです。いわば男は自分の出世、金力や名声を考えるけれど、緒方さんは人の命、全ての生き物の命を最優先に考える。女本当にいい女は、男より勇気がある。男のように地位や名声を失うことを恐れないんです。女でも、官僚機構に入ったとたん男のようにふるまってしまう女性が多いなかで、NGOや現場の人々とのネットワークのなかでお互いに対等な者として学び合い、助け合う関係を彼女は尊重している。そうした命を大事にする緒方さんの働き方は、社会学的に見ても非常に創造的です」

九五年に刊行された共著『国際協力を仕事として　開発・人道援助に飛び立つ女性たち』

上智大学教授時代の緒方さん［1983年12月］

の序文のなかで、緒方さんは女性の社会進出について述べている。

「私は、十年前であったなら、このような著書の出版は不可能であったように思う。なぜなら、国際協力事業に従事する人々は、例外的な小数として存在はしていたが、キャリア層を形成していなかったからである。

それにしても、なぜこのような層が、とくに女性を中心にできてきたのであろうか。国連や開発専門機関の現場を見ていると、若い日本人、とくに日本女性の活躍ぶりが目につく。おしなべて彼女たちは、元気である。一部には、日本女性は国内での就職の機会が狭いため、国際機関を志向するといわれる。（中略）

戦後五十年、徐々にはぐくまれた自由な発想、教育の機会均等、職業選択の多様化が、志次第では、国際協力に従事できる層を形成してきたのではなかろうか。その意味で、本書は、日本の「国際化」のあかしでもある。

それにもかかわらず、女性が職業を持とうとすると、転勤、結婚、出産などの現実が、進路に重くのしかかる。配偶者には、仕事に理解を示し、支えてくれる人を選ぶのが望ましいといった助言は当然としても、ときにはまわり道や寄り道も必要であるといったコメントは傾聴に値する。国際協力の事業に従事することは、男女ともに紛争地域や僻地への勤務を伴う。女性の場合、出産や育児のための求職や転職については、長い人生の一こまといった達観も大切か

もしれない。（中略）

国際公務員になること、まして国連難民高等弁務官になることなど、私は夢にも考えたことはなかった。しかし、デ・クエヤル事務総長の推薦を受け、総会で選出されると、私は、自分のすべての知識と経験を集めて、一生の最大のチャレンジに向かう決心をした。ようやく、国際協力を仕事として第一歩を踏み出したのである。

その後の五年間、私は国際協力の事業に専念しながら、ますますその重要性を痛感する毎日である。冷戦後、地域紛争は続き、難民は増え、貧しさに苦しむ人々は後を絶たない。国際協力をキャリアに志向する若い日本人が求められている」

ＵＮＨＣＲに働く職員は世界に五千人。百人あまりの日本人職員のうち七十人は女性で、戦火の燃え盛る旧ユーゴ、アフリカ、アジア各地の紛争地域でも難民救援に当たっている。

「日本人の女性職員はみんな元気。将来の活躍が楽しみです」

上智大学外国語学部長としての教育のフィールド

上智大学外国語学部長として教育を行う立場では、緒方さんが専門にした学問の分野は次のようなフィールドにあった。

外国語学部の特徴として、英語学科であればアメリカとイギリスの歴史と文化を学び、イスパニア語学科であればスペインとラテンアメリカの歴史と文化を学ぶといった具合に、地域研究がメインになってくる。この場合、文献を向こうの言語で読むことが大前提となる。国際政治、国際関係を研究するには、その国のいろいろな文献を読むのがいちばんの近道だ。地域研究は、人文科学的要素と社会科学的要素の二つがあるが、哲学や美術史、社会学、経済学と実に広範な分野を内包している。このため外国語学部では、専門過程で、主専攻のほか、副専攻が設けられ、国際関係副専攻、言語学副専攻、さらに人文副専攻がそれだが、東南アジアや中東イスラムの文化・歴史を研究しているアジア文化研究室の講議は、この国際関係副専攻のなかで学べるようになっていた。

緒方さん自身は当時、国際関係研究所に属し、国際組織と国際政治についての講議を持っていたが、このジャンルにおける研究の重要性はますます増えつつあった。その学部は、国際的な視野を培う場として評価も高まっていた。

緒方さんがこうしたフィールドを専門に長く教授を務めていた上智大学の教え子の間でも、「弁務官を退任した緒方先生の志を継ぎたい」と国連関係の仕事に就いて後を追う男性の後輩も少なくない。かつて緒方教授の「国際機構論」の授業を取っていた男子学生もいまや三十歳をすぎて働き盛りとなり、理想像に近づこうと思い描いている。

上智大学外国語学部長をしていたころ、第8代国連難民高等弁務官に選出され、外務省での記者会見で「難民救済に日本の支援を」と抱負を語った［1990年12月22日］

国連を動かした〝大きな人〟

「緒方貞子さんのように、世界に出て国際貢献できる仕事に就きたい」

九五年、こうした〝サダコ現象〟が、日本の若い女性たちのあいだに巻き起こり始めた。女子大生にとって超氷河期と言われ出した就職難の九〇年代中頃、男性優位の日本社会を飛び出し、国連職員を目指す日本女性たちは、七〇年代に比べ、九倍にも増えた。

緒方さんが就任してから、UNHCRのリーダーとしての手腕と行動力、聡明にして率直なパーソナリティは、羨望《せんぼう》の眼差しの的となった。

ジュネーブで三年八カ月のあいだ緒方さんの秘書官として公私にわたり行動をともにした斉藤千香子（のちUNHCR駐日事務所主任広報官）さんは、緒方さんを〝行動する弁務官〟と評した。

「彼女は指導者としても、人格者としても素晴らしく〝大きな人〟。UNHCRの仕事は、たんにやさしい、あたたかい心があるだけではできません。現場での難民やNGOとの関わりはもちろん、重要な場面では自らが政府や軍隊との交渉の場にも出ていかなくてはならない。そこでは非常に多面的・多角的な交渉能力が必要となり、しかもそれをやりとげられる自信がなければ相手も納得させられない。そうした彼女の実績が、今日の世界的評価につながっているのだと思います。

分刻みの多忙なスケジュールのなかで、膨大な資料を実によく読んでいました。各地の難民キャンプの現場から送られてくる報告書にも、いつの間にと思うほど目を通していて、『あそこでの車の手配はどうなっていますか?』というように、こっちが忘れていることを突然言われてドキッとさせられることもありました」

ジュネーブのオフィスに座ったときに、緒方さんがたまった書類をチェックする素早さと正確さは、スタッフの間で知れ渡っていた。不足な点、不明な点を見逃すことはなかった。そこから生まれるスタッフの緊張感が、UNHCRのモラルの基盤となった。

徹底した現場監督気質だった緒方さんのモットーは、

「百聞は一見にしかず。難民の表情で対応が充分かどうかを確認します」

というものだった。

高等弁務官駐日事務所は、日本人の大学生をケニアの難民キャンプに招き救援活動を体験してもらった。緒方さんにちなんで、これを〝サダコ・キャンプ〟と呼んだ。その年からは社会人の志願者を募り、ネパールのカトマンズ難民キャンプでブータン難民の救援活動を行った。国際派を目指す社会人には格好のチャンスとなった。

UNHCRでの〝サダコ現象〟も広がりを見せた。秘書官を含む側近は六人中四人が女性だった。それまでの男女比はすでに逆転していた。また九五年には、全体の三十パーセントという女性比率を五十パーセントにまで達成すべく、向こう一年間の新規採用を女性に限ることにもした。

「世界的な規模で本当に優れた人をどう育てるか。それが今後の社会の課題です」

そうして、国際機関に入ってくる若い女性たちのなかには、子供を抱え、パートナーと協力しながら仕事と家庭を両立している人は増えていった。

「いまの若い人は私たちよりすごいパワーね」

緒方さんはそう言って、働く女性たちを歓迎した。やがて〝第二のオガタサダコ〟が誕生する日を誰よりも期待しているのは、彼女自身かもしれない。

大事なときに見えない日本人の顔

緒方さんは難民キャンプを訪問するたびにUNHCR職員、NGO（非政府組織）運動家、ジャーナリストなどさまざまな日本人の若者たち、とくに女性たちに出会った。アフガニスタンのカブールやヘラートでも彼らは働いていた。

「女性は非常に優秀な人たちが、これまた欧米で勉強して、そして手弁当のジュニア・プロフェッショナルで入ってくる、そういう人たちもいるんです。ですけれども、そういう人たちが本格的に日本の社会で動き出したりとか、それから中堅になるのに拒否があるんですね。それは日本全体の外交における存在感ということを日本があまり大事にしないからじゃないでしょうか。もう簡単に言っちゃえば、大事なときにいないんですよね」

ティモールの例でも、日本は国連東ティモール暫定統治機構（ＵＮＴＡＥＴ）に副代表のポストを一つとったが、他国はティモールでもコソボでも戦乱のなかに行く。日本は危機のときには行かずに、収まってから行く。ザイールのゴマでも自衛隊は行ったが、収まってからだった。いちばんたいへんなときに行かないと、どうしても顔が見えない。

輝かしい評価のかたち

九三年、天皇皇后両陛下がガリ国連事務総長夫妻と皇居で会見された。総長は国連と日本の関係強化のために来日し、旧ユーゴスラビア地域への支援や核拡散防止など国連が抱える諸問題について説明した。陛下は、

「緒方貞子国連難民高等弁務官が事務総長を助けていることをうれしく思います」

と話された。

九四年、緒方さんは、難民救援活動に尽力した功績で国際ケア賞を受賞した。授賞式に出席した彼女は、

「日本人はもっと国連組織やＮＧＯに参加して難民救援、人道援助など国際貢献の場で力を発

揮してほしい」

と語った。その年は文化功労者にも内定したが、特定国からの顕彰《けんしょう》を禁じる国連の職員規約に阻《はば》まれて実現することはなかった。

緒方さんは国内のものだけでなく、世界中から数々の賞を受けてもいる。

九五年、緒方さんは世界平和に貢献した人に贈られる〝フィラデルフィア自由メダル〟に選ばれた。

「わたしの受賞によって、みなさんはＵＮＨＣＲの職員五千人の勇気を讃《たた》えていることになります」

緒方さんは常に控えめで、自分の立場をたんなる代表者として、スタッフたちに感謝を捧げていた。

難民の救済とは「人間のあり方にかかわる仕事」である。現代世界の人間の生き方、考え方にインパクトを与える立場だ。

「こんなにやり甲斐のある仕事はありません」

と緒方さんは常々語っていた。

九六年、緒方さんとＵＮＨＣＲは、ユネスコ（国連教育科学文化機関）によるユネスコ・ウフエボワニ平和賞を受けた。この賞は九一年、故ウフエボワニ・コートジボワール前大統領の平和活動への功績をたたえて創設された。これまでに南アフリカのマンデラ大統領、アラファト・パレスチナ解放機構（ＰＬＯ）議長、カーター元米大統領らが受賞している。緒方さんは受賞演説のなかで、

「難民救援の努力だけでなく、人間の基本的権利の尊重、悲惨の根絶という二つの課題にまず取り組まねばなりません」

と強調した彼女は、賞金の千六百万円を使って、アフリカ難民の子供たちの教育のための基金を創設した。

九七年には、〝アジアのノーベル賞〟と呼ばれるマグサイサイ賞を受賞した。フィリピンのマグサイサイ財団は、国際理解部門の受賞者に彼女を選んだ。

二〇〇一年には、彼女は小説家の安岡章太郎さんら十五人と並んで文化功労者に選ばれた。スウェーデンからは、北極星勲章コマンデール第一等級章を贈られた。

さらに、百二十二カ国の看護婦団体でつくる国際看護婦評議会は新設した〝健康と人権特別賞〟を授与した。評議会はその理由に触れ、

「難民の権利と幸福を守った緒方氏の仕事は、健康と人権の向上というわれわれの目標をひと言で言い表した」

と十年間にわたる弁務官としての実績を讃えた。

彼女の評価は国際機関のなかでも突出していた。ノーベル平和賞という呼び声もあった。

国連事務総長への後任騒動

「アメリカがガリ氏不支持なら、日本の緒方さんが適任」

とイギリスの『サンデータイムズ』紙が伝え、にわかに注目されたのが九六年の次期国連事務総長選だった。しかし肝心の緒方さんは〝不出馬〟を表明した。

「そんなことは考えたこともありません。事務総長の仕事は難しく、私にはできません」

九七年から国連は、ガリ前事務総長に代わってアナン事務総長の率いる新しい体制になった。日本も安保理議長国に就任、国連外交の充実を目指した。外務省のアナン体制発足の受けとめ方は複雑だった。

アメリカがガリ前事務総長の再任を拒否した段階では、緒方さんが有力候補といわれ、省内では、

「悲願の安保理常任理事国入りは現実には容易ではない。それならば〝緒方事務総長〟を実現し、国連での発言力を確保したほうがいい」

という気持ちが根強かった。しかし一方で、外務省は胸を撫《な》で下ろした。安保理の非常任理事国になっただけでも、事務方はてんてこまいで、事務総長のサポート体制など当時の陣容で

は不可能だったからだ。

各地で〝外交官不足〟が指摘されたが、ニューヨークの国連代表部も例外ではなかった。行革の嵐が吹きすさぶなか、大幅な人員増は望むべくもなく、九七年一月からは安保理議長国を務めるため、日本からの出張組と他の在外公館からの応援組でしのぐことにするほどだった。

「逃した魚は大きいと言われるが、実際に釣り上げたら大きすぎてもて余してしまう」

というのが本音だったわけだ。この〝行き当たりばったり〟のやり方はいまも変わらずだ。当時の情けない実状は、二〇〇一年末における外務省の失態を暗示してもいた。

すべてに白黒をつけた〝学者の現場主義〟

緒方さんは高等弁務官になってからは徹底して現場主義になった。かつては研究者として公文書館などで専門資料を山ほど読んでものを考えてきたが、現場から来るインパクトは強烈で、現場からものを考えないと問題の解決には向かわないことを強く感じるようになった。

彼女は政策決定過程論も勉強してきたが、ものを決めるときは迷う。決断するときは一種の度胸だった。

「私は物事を曖昧《あいまい》にしませんでした。それが仕事にプラスに働いたのかもしれません」

自分自身の目で現場をよく見たり、現場に派遣した職員の話をよく聞くと、こう決定するしかないという決断が湧き上がってきた。

「かなり苦労を重ねましたが、成功したといわれるなら私自身がはっきりものを言い、自分の立場を鮮明にしたからかもしれません。私のコミュニケーション能力は悪くないと思います」と自己分析する緒方さんは国際機関のトップに立つことに関して、

「国際機関はたった一人で決定して、ものを動かしていきます。そのときは日本語でいう〝ヤマカン〟で決めています」

という発言もある。旺盛なバイタリティーだけでなく、いい意味でのアバウトさも、成功の秘訣なのかもしれない。

学者上がりだからこそ、培ってきた物事を分析して考える習慣や体系的にものを見る習性を活かして現場から得たインパクトを分析、原因を追求し、自信の持てる判断を下すこともできた。

高等弁務官の仕事につながったのは、実証的な研究手法を実務に生かしたことだった。一つの政策の形成が、何と何の条件が重なって可能になったか、どんな条件が満たされなかったためある政策が形成されなかったか——これを徹底的に追求するのが、〝緒方政治学〟の特徴である。

救済者は〝人権屋〟ではない

国連では何度も人権問題を担当してきたが、緒方さんは〝人権屋〟と呼ばれることを嫌う。〝人権〟の見地に立つと権力に対峙《たいじ》して人権を守ろうという発想になるが、人道援助の場合は、権力側をいわば取り込むことによって人間の生命や尊厳を守ることに努めなければならない。

緒方さんがこの十年向き合ってきた難民はみな犠牲者であり、確かに多くの場合が政権の犠牲者、権力の犠牲者たちだ。この犠牲者の人権を守ろうと権力側と戦ったところで、必ず彼らの生命を救援できるかというとそうはいかない。その流出した人たちにどう手当てをするか。食糧、医療、教育の機会を与えることは、人権としてだけではなく彼らが現実に生きるために必要となる。そして彼らが望むのは安全に家族と一緒に通常に暮らすことができるようになることだ。それを〝人道〟の見地から権力側に要求し、応えてもらうことが現実には必要だ。

戦争はいけないと叫んでみても実際に戦争があって、いちばん弱い人たちが犠牲になっているのだから、まずは目前の被害者を保護しなければならない。そのうえで状況がよりよくなるチャンスをつくっていくほうが実践的である。

緒方さんは、いろいろな意味で稀有《けう》なタイプだった。学者として超一流で、国際組織のトップとしても実績を残した。どちらか一つの道を極めた人は他にもいるが、両方をこなした人は誰もいないという点で突出していた。

明日も膨張が続く一万人の難民

緒方さんは、UNHCRの決定について語るときには「I」（私）を、組織の行動についてのときは「WE」（私たち）を主語として使った。決断は孤独であり、責任のすべては決定者に帰するが、活動の成果は組織のスタッフ全員と寄金国・団体やNGOの協力の結果であることを、この使い分けで国際社会に告げた。

緒方さんはUNHCRの二期目の再任が決まった九三年十一月、

「あまりにも長い五年の任期」

と語った。そのため〝あまりにも長い五年〟というこのひと言からは、誇張なく彼女の万感の思いが伝わってきた。

弁務官の任期は五年、一九九八年までだった。それまでに難民がなくなるといいとかつて緒方さんは夢を語った。

「なくなるかどうかわかりませんが、もう少し安定してくるといいなと思っています。私が弁務官をしている間に少なくとも何百万人かは帰せるでしょう。帰った後、きちっと面倒が見られるように、レールに乗せたいと思います」

結局、その後も実績を買われてさらに続け、任期を無事終えたときは、七十一歳となった。小柄ながらテニスで鍛えた体は壮年なみに強靱だった。「疲れた」という弱音はけっして吐かなかった。世界の難民は一日につき一万人ずつ増えていた。

世界各地の難民発生地域を飛びまわった。現場での危険は常にあった。カンボジアでの地雷撤去作業に立ち会った際には、目と鼻の先で地雷が爆発したこともあった。

しかし、毎日必ず押しかけてくる問題の山を、そしてそのすべてに対する対処の方策を考えれば、職責の何であるかを知る一人の人間にとって〝あまりにも長い〟というつぶやきが漏《も》れるのは当然だった。

しかしながら、緒方さんが難民高等弁務官の仕事を楽しんでいたことも間違いない。楽しむ、といっては事柄の性質上語弊《ごへい》があるとするなら、彼女はそこに、天職に近いものを感じ取ったように見受けられる。緒方さんは、前半生を捧げてきた国際政治学の研究の成果を、現代世界の難民問題解決のために実地に移した。

難民は、けっしてある一国の、一時的な天災飢饉や暴君の邪悪政治だけで発生するものではない。

「それは実際は政治、経済、社会構造の歪《ゆが》みから生まれるものであって、たんに人道的な努力だけでなく、政治的な取り組みに大きく依存します」

と緒方さんは説明した。

スタッフや、報道陣の人垣のなかに入ってしまえば、目立たず、どこにいるかわからなくなってしまうような緒方さんだが、その声が常に注目されるのは、彼女があるシグナルを発しているからだった。それは〝難民問題は解決が可能〟という信条であった。

もっとも悲惨だったエチオピア難民

弁務官は四代目のイランのアガ・カーンさんを除き、ヨーロッパの比較的小国から選出されるのが常だった。緒方弁務官になって初めて拠出大国から選ばれた。国際情勢の激変で難民が急増し、大国から選んだ方が拠出額が増えるだろうとの期待もあった。弁務官生活を振り返って、緒方さんは語った。

「日本人であることが、この仕事にプラスにこそなれ、マイナスになったことはありませんでした」

難民発生に無縁の国であったことが幸いしたというのだが、そう言い切れるのも、緒方さんの出した結果が各国に受け入れられたからだった。

高等弁務官に就任したとき、彼女自身は十年間も務めるとは考えもしなかった。当初は三年の任期で来たので、そのぐらいはやれるかとは思っていた。

十年という長い間、緒方さんをこの仕事に引き付けたものは何だったのか。

「次から次へと問題が出てきますし、チャレンジは限りないわけです。それから職員も非常によく働いてくれて、一緒にやっていこうと。八年目が終わったときには、ヨーロッパをはじめとしたいろいろな政府から、もう少しやってほしいと言われました」

いままでいちばん印象に残っている地域、仕事は、エチオピア難民だった。エチオピアやスーダン、ソマリアなどの骨と皮の難民を見ていて、人間がこんな姿になっていいのかという思いを持った。

しかしそうした難民キャンプでも、緒方さんたちが行くと、みんな歌ったり踊ったりして歓迎した。「祖国に帰りたい」と言われて、緒方さんが「帰られるように私も頑張ります」と言うと、難民たちとても喜んでくれたという。

いまUNHCRを支える新しいボス

二〇〇〇年末で任期切れとなった緒方さんの後任には、オランダのルベルス前首相が就任した。ルベルス前首相とは、緒方さんも会っていろいろと話をした。彼はキリスト教民主勢力（CDA）党首として八二年から十二年間の長期政権を率いたが、政界を引退したのち大学で教鞭《きょうべん》を執っていた。士気を高めてくれるし、決断力もある。ヨーロッパ諸国に対する働きかけも積極的にしてもらえると期待されている。以前に来日した際には、

「前任の緒方さんのすばらしい働きのおかげで、日本はいまや人道大国たらんとしている」

と日本を褒め上げた。今後の彼にとくに期待することは、やはり難民の現場に行って、よく難民の姿を見てもらうことだ。

日本は米国に次ぐ第二位の拠出国にもかかわらず、邦人職員は少ないうえ、UNHCRが非政府組織（NGO）に任せる二百万ドル以上のプロジェクト（年間三百件超）のうち日本のNGOとの契約は八件のみ。

これでは、「日本の顔」が見えず、緒方さんの退任で拠出金を減らすべきだという声が出かねない。

ルベルス弁務官が日本のNGOとの連携強化を訴えるのはこうした背景がある。

「日本のNGOの能力アップに役立つ機関を今後もつくっていかねければならない。政府と経団連の支援を受けたジャパン・プラットフォーム（参加NGO十九団体）とUNHCRがスタンドバイ（事前待機）協定を結んでおけば、難民発生と同時に一緒に仕事をする機会も増える」と語る。

冷戦終結後、難民・避難民は急増、緊急援助と復興の間のギャップも深刻だ。二〇〇〇年、UNHCRはハワイ沖で他の国連機関やNGOとともに、米軍と難民救援の演習を実施した。コソボのように難民キャンプでも軍が重要な役割を果たす局面があるからだった。

不可欠な支援に賛同するメンバーづくり

難民問題の多様化など、UNHCRが今後取り組む現実は複雑になってきており、緒方さんは今後の難民支援にも課題は多いと考えている。

「日本には〝共生〟というい言葉があります。難民流出の原因に、UNHCRが直接対応できるかどうかは、ちょっと自信がありません。しかし難民を国内に連れて帰っていったときに、しっかりした共生社会、ともに生きられるコミュニティができれば、安定した社会や国家の形成が期待できます。その結果、難民の流出は減るのではないかと思いますので、解決策として経験するいろいろな手法が、難民発生の予防になるだろうと考えています。そうした考え方で、まだまだ工夫しなければなりません」

国際問題の解決に対して、国連組織や国際機関の限界論がある。UNHCRにとっても、規模の問題が挙げられる。二十万〜三十万人の難民流出の場合は、かなり効果的に緊急対応できるが、それ以上の規模でしかもスピードが速いとなかなか難しい。それを踏まえて、緊急安全対応能力の強化に努力している。人の訓練をはじめ、難民の身を守りながら、状況に機敏に対応するための情報力の強化などだ。

緒方さんは、難民問題と日本人の生活は無関係ではないと主張する。

「日本は軍備力が限られた国として、その安全を世界の安定に頼っています。難民は紛争や戦争の結果ですから、不安定な状態が日本の周辺や世界にあれば、必ず影響を受けます。今後の日本は、それを徹底的に意識すべきです。それが予防外交の一端にもなると思います」

欧米では、難民保護で民間企業が活躍する場面も出てきている。コソボ危機のときには、米マイクロソフト社なども協力した。

コソボでは、難民が身分証明書を持たずに、あるいは取り上げられて流出してきた。UNHCRは手書きで難民の証明書をつくったが、マイクロソフト社はソフトウエアを提供し、コンピュータ登録できるようになった。これはその後、アフリカでも活用された。そうしたハイテク技術を持った企業には、そうした分野での指導や協力を働きかけて要請している。

今後は政府など公的部門の役割が縮小し、企業やNGO（非政府組織）など私的部門が重要な時代となる。さらに市民社会の時代になれば、個人やコミュニティに支援を広く訴えることができなければならない。たとえば、募金というかたちで自分のお金を出すと、その対象への関心が強まる。緒方さんは、難民支援に賛同するメンバーづくりに今後も努力するつもりだと言う。

日本でNGOを確立するための人材育成センター

緒方さんは、難民の緊急援助活動にNGOとして携わる人材を育成する機関「アジア・太平洋地域国際人道支援センター」（eセンター）を日本で開設した。

世界的な難民支援の現場に、アジア地域から参加するNGOは比較的少ない。活発なのは欧米、とくに北欧諸国である。

たとえば、インドネシアのティモール紛争のとき、UNHCRはアジアからNGOに出てもらいたいと考えていたが、その数は限られていた。

「緊急事態のもとで難民保護に動けるNGOをアジア地域でトレーニングして、訓練された人が現場に行けるような橋渡しをしたほうがいい」

と緒方さんは考えて動き出した。

また、訓練の内容も世界で共通部分をつくる必要がある。共通性の高い訓練を受けた人々が、日本だけでなく、広くアジアから出てきてもらって輪を広げていく。それを非常に期待している。eセンターでは二〇〇〇年十月に第一回目の訓練を行った。年に八回のトレーニングプログラムを組んでいる。

難民の中等教育基金も創設した。小学校レベルは何とか難民キャンプで教育ができるが、中等・高等教育になるとほとんどできない。しかし小学校を終えた難民の子供たちには、もっと勉強したいという声が多くある。まだ基金は充分ではないが、緒方さんは何とかその声に応えたいと考えている。

「難民問題解決への投資という考え方をすると、教育がいちばん大事な投資だと思います。私は十年間難民を保護してきましたけれども、いちばん重要なことは難民に将来を与えることです。その将来を背負う子供たち、とくに中高生の教育が非常に弱いものですから、そこを強化したいと思っているのです」

いまも闘い続けている五千人の戦友たち

二〇〇〇年十二月、緒方さんは弁務官の任期を終えるにあたって、難民問題について「解決」「解決に向かっている」「解決のメドが立っていない」という報告書をつくった。

「解決」とは、アフリカではモザンビーク、アジアではインドシナ難民問題、中央アメリカではガテマラ難民の帰国とメキシコ定住、ボスニア、ルワンダなどのＵＮＨＣＲの業務を終わらせることができた。メドが立たなかったのは、アフガニスタン、コーカサス、チェチェン、スーダン。とくに悪化を恐れたのは西アフリカで、ギニア、アンゴラ周辺だった。

ＵＮＨＣＲはいつも難民の傍《かたわ》らにいなければならなかった。職員たちは、熱帯雨林、砂漠、山岳など自然環境の厳しい場所や戦闘地域内で救援活動を続けた。

難民救済の仕事は、命の危険さえ感じることのある仕事である。緒方さんがいつも職員たちの安否を気遣ったことには、ある一つの忘れられない思いがあった。

スイスのオフィスの近くを車で移動するとき、たまに見かける建物があった。その暗い色をしたビルの窓ガラスは破れ、周囲を囲った塀には一面に落書きがされている。レマン湖に面した国際連盟の旧会議場〝パレ・ウィルソン〟は、廃屋となってほったらかしにされていた。

その建物に気づくと、彼女ははるか遠い昔を思い起こした。

「そばを通るたびに、祖父の苦労を思い浮かべます」

三一年、満州事変の勃発《ぼっぱつ》当時、母方の祖父の芳沢謙吉駐仏大使が国際連盟日本代表を兼ねていて、連盟理事会で非難の矢面に立たされた場所だからだ。

ずいぶん前、公務のために日本の首相官邸に初めて足を踏み入れたときもそうだった。そのときの〝ちょっと嫌な感じ〟を彼女はいまでもよく覚えている。その場所で、かつて軍の銃弾に倒れた曾祖父のことを偲んだ。そのときの外相は、あの暗い建物にいた祖父だった。

そうしたことを思い出し、自分にもつながる家系の宿命として、何か因縁めいたものを感じた。

緒方さんは一年のうちの半分以上は現場に出ていたが、あるときブルンジから急に帰るようにとセキュリティー担当者に言われたことがあった。理由も聞かずにそれに従った。帰れというからにはそれなりの理由があった。彼女は後から、〝命を狙われていた〟との旨を聞かされた。

焼き打ちに遭った事務所もあった。殺害された職員もいた。それでも職員たちは難民たちを支援するために、いまもなお危険な地域で奮闘を続けている。いまも緒方さんは仲間のことを思い続けている。

「UNHCRの五千人の職員たちは、いわば私の戦友です。常に相談し、情報を分け合いました。それはとてもいいチームを持つことができたと感謝しています」

Part 4

「難民を救うことは地球を救うこと」

いまなおこの星で起きている戦争

救済が示す真の国際化

二十世紀最後の十年は多くの地域紛争が起きた。その間、人道問題解決の先頭に立ってきた弁務官の任期を終えた緒方さんは、今後の世界はよくなるのかという点についてこう抱負を語った。

「冷戦の終結は本当に私たちを興奮させ、多くの希望が生まれました。でも、その後十年に起きたことは、私たちの酔いをさますような国際政治の現実でした。さまざまな民族や宗教が自らの権利を主張し、コントロールできなくなりました。世界は不安定化し、国内紛争が起き、大国、連邦国家が崩壊するという事態も起き、今もってこれに秩序をもたらせる人はいません。私は当分、この状態が続くと思っています」

「変化は不安定化を伴うという点で一つ指摘しておきたいのは、〝スピード〟という問題です。現代は変化が起きれば、情報が洪水のように溢れる時代です。変化への期待は一気に高まり、人々はすぐ結果を求め、問題が即座に解決されることを望み、もう待とうとしなくなります。これは新たな不安定化の大きな要因であり、こうした〝スピード〟にも対処できる支援を行う必要があります」

日本は国際問題に関与していこうと、行動を起こしてきた。九〇年代前半、カンボジア和平で日本の果たした役割がその一例である。日本は世界の平和を構築するシステムのなかにしっかりと組み込まれていると感じることが重要である。

「キリスト教社会には、〝汝の隣人を愛せ〟との教えがあり、それが欧米社会に浸透している慈善行為の精神を支えているのかもしれません。日本にも家族を慈《いつく》しみ、それを隣人から世界へと広げていく考え方があり、チャリティーの文化とは無縁ではありません。人間とは、出会いを通して人と密接につながり、生きていくものだという考え方であり、これが日本を含めたアジア文化の基盤です。

問題は、日本人が隣人や非常に近しい人には発揮する親切さを、どうやって世界規模に広げるかです。日本の国際化とか国際人とかいう言葉が流行のようになりましたが、日本を含めて、どの国も一国だけでは生き残ることはできないということを、もっと認識することが必要です。ともに手を携《たずさ》えて生きるという考え方を培い、他国との関係の中心にすえなければなりません」

チャリティーの精神では、米国をはじめ先進主要国のなかでは、ある種の後退現象が起きているとされている。これを国際的な傾向にしてはいけないという意見が多く噴出している。なぜなら、これからの時代もチャリティーはいっそう必要とされるものだからである。

「私も先進諸国にそんな傾向を感じています。私は、とくに若い人たちが他の国のいろいろな人たちをもっと意識して生きていくようになることが大切だと思っています」

急がれる不平等の解消

国連によると、基本的に必要な衣食住や教育、雇用を得ていない貧困人口は世界で十二億人といわれる。一九九五年にデンマークで開かれた国連社会開発サミットや、一九九七年から二〇〇六年を〃世界貧困解消の十年〃に指定、貧困問題に取り組むことを決めた。先進国による途上国開発支援機関、開発援助委員会は二〇一五年までに貧困人口半減を掲げている。

貧困とともに世界が克服すべき課題は何かという問題については、緒方さんはこう憂慮《ゆうりょ》している。

「貧困とは不平等の結果でもあるのです。もし、すべての人が同じ程度に貧しいのであれば、むしろ社会は安定するでしょう。ところが、権力の分与や職に不平等があったり、伝統的に一つの民族が長期間にわたって社会のすみに追いやられたりするような社会的不平等がある社会では、貧困にからむ多くの問題が社会的、政治的問題につながります。貧困の撲滅《ぼくめつ》は、こうした不平等の解決と密接に結びつけて、考えられなければならないでしょう。

二十世紀の最後にいたって、社会福祉国家の限界が言われるようになりました。成長を維持しつつ社会基盤をどう保持するか、これは難しい問題です」

また、先進諸国と開発途上国の経済格差・対立などの問題、いわゆる南北問題も忘れてはならない。先進国が北半球、途上国が南半球に多いことから〃南北〃という言い方をするが、経済の国際化、アジア地域の経済成長などによる途上国の分化が進むとともに、格差の問題は地理的な区分ではとらえられなくなっている。この地球の〝南北問題〟はさらに深刻化し格差が開くのかということについては、緒方さんは複雑な関係性のうえに成り立っていることを指摘している。

「地域間の格差が〝南北〟ではっきりと分かれていたのは、一九七〇年代でしょう。いまでは発展途上国でもさまざまなかたちがあり、〝東西南北〟では決められない問題になっています」

かつては〝北〟と見なされていた欧州地域でも、マラリアや結核が発生し、公衆衛生の脅威になっている。欧州の貧困や不平等についても、二十年前よりも現在の格差はひどくなっている。

発展途上国が抱える大きな問題として、〝教育〟の分野はもっとも大きいテーマでもある。

「私は健康や教育問題を考えるとき、〝基盤〟の大切さを思います。日本には少なくとも、ある程度の水準を達成できるだけの良い教育システムがありました。こうした〝基盤〟を保障するのは、国家の役割だと思うのですが、それが失われつつあるように思います」

たとえば、健康保険制度も民間だけでは、貧しい者をカバーするようなものはできない。教育や健康問題では、公的部門の関与が欠かせない。〝基盤〟を持てない国は成長のしようがないといえる。

「公的部門の重要性を主張するイデオロギーが、いまではなくなってしまいました。これは社会主義的考え方で、共産体制の崩壊とともに消えてしまったのでしょう。この点で私は、新しいイデオロギーが必要になりつつあると思っています」

開発と生活向上は密接に結びついている。病人や教育のない人が多いことは、人道的な問題になるだけでなく、経済発展にも重荷になる。すべての人に行き渡り、充分に効果が考えられた支援が行われれば、より大きな経済成長への好機が得られる。これがアジアで起こったことである。東南アジアでは平均寿命が十八年延びて、目を見張るような経済成長が起きた。

「でも、経済的な豊かさが社会の安定や発展をもたらすと考えるならば、ちょっと単純過ぎると思います。命を脅かされて国を去り、難民となった人々は、何も貧しい国の人たちだけではありません。そこには、経済的要素にとどまらない、もっと複雑な要素が入り組んでいます」

〝環境を壊さない開発〟の必要性

二十一世紀の環境問題の課題については、地球の温暖化や環境保護と経済成長の関係に解決方法を見つけることが依然として叫ばれている。地球の温暖化問題の根幹にあるのは、エネルギーの過剰使用であり、環境問題も貧困と深く関係している。明日の命がかかる人は、先のことなど考えずに木を切り、砂漠化が進む。貧困と闘わなければ、環境問題でもその報いを受けるということだ。環境、健康、貧困の問題を個別に考えるのではなく、短期的な利益ではなく、将来の世代が得る利益を考え、環境を利用していこうというが、現在の環境保護の基本的な考え方のひとつになっている。

「私が難民問題を担当するようになった当時、環境問題に触れる人はあまりいませんでした。でも、私たちが担当している難民は二千六百万人にのぼり、難民が発生すれば、たちまち大きな都市が動くような現象が起きるのです。ルワンダ難民は百万人以上でした。そのみんなが燃料とするために木を切るのです。

いまでは、難民問題も環境破壊につながると環境保護基準をつくり、難民が去った後、環境を元に戻すことにも配慮するようになりました。ただ、難民支援で環境保護にも費用が必要などと訴えても、まだ理解をなかなか得られません」

まだ克服できていない戦争のつめ跡

「国連は非常に大きくなり、与えられた任務はあまりにも複雑です。国連が効率的に役目を果たそうとするのなら、どこで最大の効果を発揮でき、どう寄与でき、国連外の組織とどう協力していくかなどについて、考えを深めていかなければなりません。

私はまだ平和維持と安全保障面で、国連が世界的機構として特別な役割を果たすことを望んでいます。その一方で、平和維持がだんだん難しくなってきていることも承知しています。地域に平和維持機能をもつ組織もでき、それとどう連携するかという問題も起きています。この先数年間、国連は自身の特別な役割や専門とするべきものは何かなど、考えることが必要です」

とくにヨーロッパでは、平和維持構造をつくろうとの動きが活発だ。ヨーロッパはこれまでにアメリカの力だけではなく、もっと結束した強いヨーロッパというアイデンティティーを持とうと協調しつつある。ユーゴスラビア紛争が起きて以来、それが欧州に求められていた。

「この数年間に欧州は非常な努力をして機構を整え、そのアイデンティティーを立て直してきました。その中心となっている欧州連合（ＥＵ）は十五か国が加盟していますが、ほぼ同数の国が加盟を希望しています。アジアの私たちは、ここで起きているさまざまなことに学ぶものが多いと思います。アジアではまだ大戦がもたらした分断を本当に克服できていません。欧州では敵であった独仏が和解のために多大な努力を払い、単一通貨ユーロを定着までになりました。中国、韓国、日本もじっくり考えなければならない問題です」

「あなたがそこにいるだけでいい」

スイスはヒューマニティな国際機関の本部がある国だ。国際赤十字とＵＮＨＣＲのオフィスがある。なぜスイスにこういう人道的な活動の本拠地があるかというと、スイスは小国だから生きる道として〝人道〟というもっとも普遍的なものの本拠地となることで、安全保障も含めて、世界で生きる道を確保しているのだ。いままでスイスがとってきた中立政策の根源にあるものの価値を象徴である人道機関をこの地に置くことには大きな意味がある。

人道活動というのは基本的に中立だ。紛争のなかで、敵・味方、侵略者、被侵略者という区別も差別もなく全部の犠牲者を対象にして保護を与えることが赤十字の精神でもあり、難民救済の精神でもある。

世界の中心的な人道機関であるＵＮＨＣＲの本部がスイスにあるのも、アンリ・デュナンがつくった国際赤十字の本部がスイスにあるのも、それなりの理由があった。

ＵＮＨＣＲの事業対象になっていた世界の難民のなかで、女性と子供が七十〜七十五％を占めていた。戦争や国内のさまざまな紛争から逃れてくるのは弱い人たちだ。ボスニアを見ても、老人は逃れようもないといって国内に残った。男性たちが逃れないのは、自分たちの田畑を守っている場合と、残って戦争をしている場合がある。

「ボスニアの難民にずいぶん会いましたが、『ご主人は？』『お父さんはいますか？』と聞くと、たいてい『いません』とか『戦争に行っています』と答えるんです。長い間、難民として外で暮らしている場合、たとえばアフガン難民はパキスタンとイランにいたわけですが、男の人だけ祖国に戻って田畑を守っているというケースもありました。そういう意味で、家庭が崩壊する方向に向かっていますし、シングルマザー現象も増えているんです」

とくに女性はいろいろな危害が加えられている場合も少なくなかった。紛争で逃れている状況は家族がある状況とは違うので、とくに女性の場合には強姦されたり、危害を加えられる機会が多かった。ソマリアの難民などは、ケニアの治安の悪いキャンプで襲撃に遭うこともしばしばだった。女性は煮炊き用の薪《たきぎ》を集めに行って、そこで襲われた。なぜ男性が行かないのかというと、男だと完全に殺されるからだ。女の人だと危害や強姦に遭っても生命の危険は男性より少ないというのだ。緒方さんはそれを聞いて胸を痛め、グループで薪を集めに行くようにさせたり、キャンプの周囲に柵をつくったりと、安全確保のためにさまざまな努力をした。

「とくにアフリカの難民は戦争と貧困の両方ですから。〝ああ、これが同じ人間か〟と思うような姿を見ることはずいぶんありました。アフリカの経済社会を向上させるということは難民防止対策につながっているんです」

枯れ木のように痩せて栄養失調でお腹が脹らんだ子供たち……その彼らの訴えるような目を、緒方さんは並々ならぬあたたかい心で見ていた。そこには、難民たちにこれだけのことをやってほしいというUNHCRとしての使命があり、そのプログラムをきちんと達成しなければならないという現実がまずあった。

現場では目をそむけたくなるような状況も多く、涙をこらえる場面もしばしばだった。しかしながら、涙の前にまずどう対応しようかと考えなければならなかった。忘れられない光景があった。

「いちばんひどい状況を見たのは、エチオピアの東部で、逃げた人たちがキャンプに戻ってきたときのその衰えた姿というのは表現できないほどでした。若い女の人がやせ衰えた両方の乳房で、二人の赤ん坊にお乳を飲ませていたんですが、その光景は忘れられません」

二十一世紀が難民の時代にならないために、緒方さんは日本に二つのことを望んだ。

「難民がいろいろな国に定住する場合もあるので、そういうときには日本を含めてあたたかい気持ちで受け入れてほしいです。日本は陸続きの国ではないですし、アジアは比較的安定していますから、毎日何百万人もの難民が入ってくるという状況ではありません。その限りでは幸いだと思いますが、世界の各地は非常に不安定な時期を迎えている国が多く、とくにヨーロッパ大陸は世界で難民がいちばん多いのです。旧ユーゴスラビアは四百万人の難民が出ましたし、ソ連邦も崩壊して非常に不安定な時期を迎えています。そういう不安な時期に世界があるなかで、日本に望むことは二つあります。一つは資金援助。これはいくらあっても足りないものです。ただ、資金的な援助はかなりやってくださいまして、日本政府はＵＮＨＣＲでは二番目の大拠出国になりました。クルド難民のころ、日本の民間募金は世界でも突出して多かったのですが、いまは、ずっと減ってきているというのが現状です。もう一つは、もう少しボランティアの団体が成長してくるといいですね」

緒方さんは、紛争地域をまわっているときに、難民の人たちからこう言われたことがある。

「行かないでくれ。あなたがいてくれることで、警察から追い出されて逃げなくてもすむ」

その声を聞いて、緒方さんは本当に深刻なものを感じた。安全の実感を一般の人が持てない限りは、紛争はなくならない。紛争を解決しないで本当の解決はない。

「同じ地球上で、これだけ多くの紛争が起こり、たくさんの人が苦しんでいます。そのことに国際社会も無関心ではいけません。国と国を越えた、人と人との関係のうえに立った新しい平和づくりをしていかないといけません」

緒方さんの言葉は、国や国連に対してだけでなく、受け取る私たち一人ひとりへの大事なメッセージでもある。

難民の定住にあくまで抵抗する人道小国

新世紀の幕開けの二〇〇一年は、世界の人道問題、とくに難民問題の対応にとっても大きな転換期になった。

難民問題への取り組みにおいても、緒方さんの弁務官の退任とともに一つの時代が終わり、新たな時代に入った。

UNHCRは、設立以来その五分の一にあたる緒方体制は、まさに激動の時期だった。緒方さんがUNHCRに就任したのは、ベルリンの壁が崩壊して間もないころ。その後立て続けにユーゴスラビアの分裂、ソビエト連邦の崩壊、ルワンダ・ブルンジの政変、コソボ問題などが起きた。

世界各地で頻発した紛争は、百万人単位の難民流出を引き起こし、緒方さんはとてつもない状況に直面することになるのだが、国連総会での選出時に大学で教鞭をとっていた当人には、激務が待ち構えていることなど想像できなかった。

以前から難民問題がマスコミで取り上げられることはあっても、UNHCRの活動は、あまり知られていなかった。緒方さんが就任してからは、難民数は倍増し、組織の年間予算も二倍の十億ドルに、職員も二倍の五千人になった。

徹底した現場主義を貫く指導者は、世界各地にある難民キャンプを視察し、指示を出した。人命を預かる仕事であるため、難民流出直後には、職員を現場に急行させ、緊急対応をしなければならない。となれば、政治的解決を訴え、資金援助を仰ぐために主要国に出向く機会も増えた。

民間からの資金集めにも意欲的に取り組んだ。日本では、経団連をはじめとする財界の指導者たちが「難民救済民間基金」を立ち上げて緒方さんを応援した。

緒方さんの才能として挙げられることは、その行動力と決断の速さだった。湾岸紛争時に国連の対応の遅さが指摘されると、緒方さんはすぐさまUNHCRに緊急対応体制を確立した。ジュネーブ本部に常時五人の緊急援助専門家を配置し、緊急時には、状況に応じて言語能力や専門知識を持った少数の職員を選び出してチームを結成し、命綱となる通信機やテント、救急箱などを積みこんだ四輪駆動の車輛とともに現場に直行する体制が完成した。

難民援助の現場には、世界各国からNGOも駆けつける。しかし、そのなかに日本のNGOの姿を見ることは少ない。就任時から日本人が人道援助の分野で世界のリーダーになることを期待していた緒方さんは、日本の〝顔が見える援助〟を目標に、ポスト緒方時代に向けていくつかの布石を打った。

二〇〇〇年夏、日本を含むアジア・大平洋諸国のNGOや政府の職員を対象に、緊急対応能力の強化を目的とした研修プログラム「eセンター」を東京にあるUNHCR日本・韓国地域事務所内に発足させた。これには、UNHCRの緊急時の経験が大いに役立った。

同時に、難民問題への理解を広め、民間からの寄付が受けられるように特定非営利活動法人「国連HCR協会」が設立された。また、退任直後には、「国連難民高等弁務官事務所（UNHCR）国会議員連盟」が森総理（当時）の発意で結成された。

しかし、一見したところ〝人道大国〟のようでいながら、その実、日本は難民の定住にあくまで抵抗する〝人道小国〟でもある。

一九九〇年から九九年の十年間に日本で庇護《ひご》申請した人の数はほんの千百人だった。国外における難民に対する日本政府の積極的な姿勢は、UNHCRの援助計画に対する力強い支援に表れているものの、国内の難民に対しては実際はこの国は何もしていないのと同じとも言える。

緒方さんは日本が人道支援におけるリーダーになる素地《そじ》をつくった。これらをどのように有効に生かすことができるかが、今後の課題である。

多くの難民を生んできたイスラム教

この十年の間、冷戦の崩壊に伴って紛争解決のチャンスが出てきた地域も少なからずあった。モザンビークでは、百五十万人の難民が帰還して、政府も国民からの期待と信頼を得られるようになった。カンボジアには三十七万人が帰り、ミャンマーにも二十五万人が戻った。二十年以上にわたったインドシナ紛争も終息し、ボートピープル問題もほぼ解決へ向かった。これら地域の政治的安定と経済の活性化は、冷戦時代にはけっして実現できないだろうとも考えられていた。

難民問題はたんなる人道問題ではなく、冷戦後の安全保障と秩序の問題でもあった。

いくつかの民族紛争の火種を抱える旧ソ連とアフリカは、新たな難民を生み出しそうな地域として、これまでも危険視されてきた。根本的な問題はいったいどこにあるのか。

その理由の一つとして、〝宗教〟が挙げられる。

これまで世界中で流出してきた数百万人の難民のおよそ七割は、イスラム教国から生じたものだ。そうした背景を取り上げ、
九一年、緒方さんは、エジプトを含むイスラム諸国が、これまでになく大きく難民救済に尽力するよう訴えた。

なぜイスラム諸国からの難民が他の宗教国に比べて圧倒的に多いのかという点において、緒方さんのかつての見解は、

「宗教に特別な理由があるとは思えません」

というものだったが、イスラム諸国の政治体制、経済、人々の生活を考えると、ある部分では関連性はあるように感じられる。祈りを捧げる彼らの信仰心について、最近のアメリカなどはとくにそうした関心が強く、メディアの取材にも力が入っている。そんな〝敵国〟からしてみると、とくに気になる部分であり、強調されて伝える部分は、イスラム教の攻撃性、非寛容性である。自爆テロに失敗して生き残り、投獄された信者のインタビューなども頻繁《ひんぱん》にレポートされている。

アルジェリアやエジプトをはじめとするイスラム教原理主義者グループの反政府活動は日増

しに活発化しているが、彼らが秘密裏に流すビラや根城とする地域の壁などには、

「話し合いではなく、武器を取れ」

と政治家を名指しした過激な内容の文句が多く書きなぐられている。

ベイルートなどでも、市内のイスラム教シーア派教徒の住む街には、路上に故ホメイニ師のポスターが大きく掲げられ、

「ユダヤ人を皆殺しにするまで闘いを続けよう」

と叫びながら街中を練り歩く若者たちが現れては消えてゆく。

かつてノーベル賞作家のラシディさんに対する死刑宣告を取り下げようとしなかったイランのシーア派の姿勢も、イスラム教の非寛容性を象徴するものだ。

イスラム諸国に独裁国家が多いこと、国民の貧富の格差が大きいことなどが、難民を大量発生させる直接的な要因になっている。しかし、その背景には、イスラム教そのものが持つこうした特性が大きく関係しているように思われる。

「正しいイスラム教徒は死んで天国に行く。敵を滅ぼすためには死を恐れない。もっとも崇高な死がわれわれを待っている」

とするイスラム教信奉者は、死の恐怖から逃れるために自身が難民となる道を選ぶ者や、その暴力性に虐《しいた》げられる難民たちを永久に生み出していくのかもしれない。

ソマリアがそうだったように、すべてのイスラム教国は、自国の崩壊だけでなく、難民問題を他の国にまでおよぼし続ける可能性を秘めている。

アメリカのテロ対策が生む新たな難民

二〇〇〇年九月、緒方さんは難民を視察するためにアフガニスタンを訪れた。そこは、すでに世界でもっとも大きい人道上の悲劇と呼べる状態だった。

それからちょうど一年後の二〇〇一年九月十一日、アメリカの貿易センタービルのテロ事件が起きた。そのとき緒方さんは事件を目の前にした。

「テロ事件の当日はニューヨーク市の自宅にいました。朝刊を読み終わったころ、世界貿易センターから黒い煙が出ているのを見て火事だと思ったら、さらに真っ赤な火の玉が上がりました。そのうちテレビが〝飛行機が突っ込んだテロ〟と報じてようやく事態がわかったのです」

窓から見える二つのビルが消え、多くの人命が失われたことは、いまでも悪夢を見続けているようだった。

「その日の昼間は日本へもヨーロッパにも電話が通じなかったので、夜になってから東京や国連の人々と話して情勢確認ができました。何とも落ち着きませんでした。

けれども、事故のビルから下りてくる人々と逆に消防士が救出に上っていくなど、非常時には本当に米国は強い。ニューヨークの人への尊敬も感じます」

消防士や警察官、ボランティア活動など、国家危機に対して団結して立ち向かっていく国民の姿から、〝危機に強いアメリカ〟も再認識した。

「今後は、そうした国民の恐怖や怒り、絶望などをうまく方向づけていくことをアメリカ政府は求められている。『War』という表現もそのために必要だったのでしょう」

テロ撲滅のために強い態度で臨むことは必要だ。だが、十年間、難民問題解決のために心血を注いできた緒方さんの言葉には別の苦悩がにじむ。軍事行動で新たな大量難民が発生しかねないからだ。

「アメリカはアフガン国内のテロリストへの報復も宣言しています。いま考えるべきことは、戦争に巻き込まれた一般の人々をどうやって助けるかということだと思います」

アフガンでは、アメリカの軍事行動を恐れ、多くの人が国境を目指した。テロ発生から一カ月後にはパキスタンに百五十万人、その後さらに百万人が続いた。

「難民はただでさえ悲惨なのに、戦火にもまれて逃げてくるのはもっと悲惨です。アメリカ政府は、標的はオサマ・ビンラディンで、一般市民は攻撃しないと明言しました。攻撃は的を絞って、効果的にしてほしい。従来の軍事行動の効果がどこまであるものかも含めて吟味する必要があります」

これまでも緒方さんは、アフガンの難民を救おうと行動を起こしてきた。それが一転し、テロ事件を機に世界中の注目を集めたのは皮肉なことだった。

「パキスタンに逃れたアフガンの難民が自分の国に帰りたいというのです。パキスタンの難民保護が資金不足でひどい状態のためです。私はせめて帰る人たちに交通費を出してほしいと百万ドルのお金を集めようとしましたが、無理でした。

なぜならアフガンの難民に対する同情が国際社会にないからです。〝アフガン難民はどうなってもいい〟という状況なのです。また二〇〇〇年はあのあたりは干ばつがひどく、さらに難民が増えていました。パキスタン政府が、これ以上難民を受け入れられないと国境を封鎖したほどです」

アフガン難民はテロ事件前に三百六十万人にのぼり、世界全体の難民の三割を占めていた。二十年におよぶ内戦や九八年から続いた大干ばつによって、二〇〇〇年だけで八十万人の難民が発生した。これだけひどい状況ながら、国際社会からは無視され、積極的な支援もなく、絶望的な状況となっている。

「このようにただでさえ悲惨な場所だったのに、今回の事態でさらにアフガンから逃げたいという人々が出ています。それをタリバンやテロリストを封じ込めるために国境閉鎖となれば、一般の人々に何がしてあげられるのでしょうか。国連は高尚な判断を下すでしょうが、人道上のコストはかなり高くなるでしょう」

再び国際社会の関心を集め、解決への道筋をつけるべく、緒方さんは二〇〇〇年にアフガンを訪れた。難民帰還に向けてタリバン政権と話し合いの場も持ったが、身の安全も食糧も、さらに女性は人権さえも保障されないなか、帰りたくても帰れない事情が山積していた。アフガン難民はこのまま見殺しにされるのか、そう心配していた矢先のテロ事件だった。

こうしたことが、アフガン問題で小泉首相から首相特別代表を依頼されると、緒方さんがあっさり引き受けた背景にあった。

長年取り組んできた国に対する悔やみきれない思い出があったのだ。これを機会に、なんとかそれに自分自身で勝負をつけたい、彼女はそう感じた。

全世界の難民のうち、アフガンは最多の四百六十万人を占める。高等弁務官として現地に入り、国際社会に支援を呼びかけた。難民はパキスタンに逃れても、いつまで続くともわからないキャンプ生活が待っていた。国に戻れば、そのパキスタンにバックアップされたタリバン政権が君臨していた。さらには国際社会の関心は、〝見捨てられた国〟に向けられることはなかった。緒方さんにしてみれば、やり残した仕事にほかならなかった。

そこで、難民の発生を助長することも考えながら、テロ対策を考えた場合、まず組織としての軍隊のあり方と攻撃の方法についてが問われた。事件が起きたばかりの緒方さんの推測は、ピタリと的中した。

「アメリカが〝軍は犠牲にしない〟というこれまでの立場を貫くのであれば、空爆となるでしょう。国と国の戦争であれば、国をターゲットにできますが、特定の個人や、その個人が持つネットワーク集団が対象となるとたいへんです。空爆だけで崩壊できる相手ではないでしょう。アメリカは戦略の立て直しや持久力強化、情報収集、さらに中東諸国から米国支援を取りつけるなど、丹念な作業をしていかなくてはなりません。一方で、アメリカはイスラエルを支持しています」

二〇〇一年のこの大きなテロを自ら体験し、身近に感じた問題もあった。

「ニューヨークの日系企業に多くの行方不明者が出ました。けれども、日本からの駐在員の方の行方不明者の話ばかりで、現地で日系企業に採用された日本人や外国人などの安否確認が進んでいないし、報道も出てきません。

多くの方がいてアメリカでの仕事が成り立っているのです。いまはフリーの私にだって、日本大使館や領事館から安否を問うコンタクトがない。それはまあいいのだけれど、駐在員のことしか考えないのでは救われない気持ちがします。マスメディアもぜひその役割を果たすべきです」

それともう一つ、国民の持病がある。忘れやすいという慢性の症状である。

「飛行機の墜落事故といった災害があったときに、日本人の乗客がいないと、すぐに事故を忘れてしまいます。そういう考え方から日本人は抜け出さなくてはなりません。私は帰国するたびに、日本は現場感がないと感じていました。世界は平和なところばかりではありません」

難民キャンプでの医療・防疫活動も含まれ、難民防護のための自衛官の武器使用も認める内容の〝米軍等支援法案〟も検討された。

「日本は中東諸国との間に援助を通してかなりのコンタクトがある。日本政府はマスコミの前でいろいろ言うよりも、いまこそ国際社会のために本格的な外交をする必要があるのではないでしょうか。海外では、この事件に絡《から》んで日本が話題になりません。国際政治や軍事、またテロ対策で役割を果たすことを世界から期待されていないのかなとも思います。

国内で憲法論議をしているようですが、しなくても政治的協力による貢献はできるのです」

東ティモール問題のときも、日本は援助輸送でいい仕事をしていたのに、物資を運んだのは西ティモールまでで、もっとも必要な場所には届けなかった。緒方さんたちが行った地域を含め、〝紛争地帯には行かない〟では世界が納得しない。

「やたらに武器を使ってほしいとは思いませんが、隣に難民の子供がいて、民兵に狙われたら……。日本の議論はあまりにも抽象的です」

冷戦後の難民問題は、民族、部族、宗教など社会集団の対立によって起こされ、多くの場合、政府も紛争当事者だった。

しかしアフガン問題はテロ集団相手でもある。〝新たな様相の戦争〟は、難民問題にも新たな課題をつきつけた。緒方さんはこれまでも国境など人為的な枠組みを超えて、〝人命最優先〟を訴えてきた。

「まだ指摘されていませんが、今回の事件で、国家と国民の安全保障を再検討する必要も出ています。

最近は、内戦などにより国家の安全保障が、必ずしも人間の安全を保障しないことが増えています。ですが今回の事件で、やはり国家の安全保障が個人の安全に大切ということが再確認されました。と同時にテロリズムに対しては、国家でさえも安全を保障できないというギャップも見えています。

内戦が激化するなかで、とくに難民保護のやり方が変わりました。昔は難民は〝逃げてきた人〟という考え方でしたが、イラクの難民を多国籍軍が守ってイラク内にとどまったように、国内から出なくても難民です。それらを踏まえて、今後の指針も出していきたいと思います」

国同士の闘いではないテロ戦争は、国境の持つ意味が変わることを意味していた。そして闘いの長期化は難民支援でも持久力が問われることとなった。

「日本が他国と連帯意識を持って支援し続けることが、テロを生む温床《おんしょう》を断つことにもなるのです」

外交を行ううえで頼りがいのある優秀な仲介役の人材が出てくれれば、この国も救われるのだが、悲しいかな、その点においてはもっとも望み薄なことを世間がいちばん知っている。しかし緒方さんは、そのテーマについては擁護する。

「いや、そんなことはありません。いまの若い世代には立派な人がいます。ただ、その人たちを引っ張り上げるシステムがないだけ」

難民支援の現場で経験を積み、次のステップを見つけようとする若者も多いが、日本の社会はなかなかそういう経験を評価しない。海外が先に評価すればそれを受け入れるが、自ら評価しようとする許容度は限られている。

政界はとくにそうした傾向が強い。緒方さんもその点については厳しい意見を持っている。

「紛争のときに真っ先に飛んでくるのは政治家」

しかし、日本の政治家は外交の実績が国内に跳ね返るということがないと指摘する。その原因は政治と会社組織の官僚化であることはいうまでもなく、それは彼女自身がこれまでの人生でもっとも遠ざかってやり過ごしてきた方向にある病巣なのである。

日本とアメリカにおける夫婦関係

八三年、アメリカの『タイム』誌が「日本特集」を行った。これは日本に寄せるアメリカの関心が急速に高まっていることを示す象徴であったが、その背景には八〇年代に頻繁に取り沙《ざ》汰《た》された日米経済摩擦《まさつ》の波があったことを示していた。緒方さんは、この時期に相次いだ〝日本人の意識をつかもうとするアメリカの試み〟について、〝夫婦〟という関係性を例に挙げて楽観的で興味深い指摘をした。

「私は、日本にいてもあまりストレスを感じないで暮らしていますし、アメリカにいてもあまり感じません。のんきな人間なのかもしれませんけど、アメリカ人は、何でもフランクに聞いてくれますから、話すときに気を使わなくていい。

けれども、体制が違う国とか発展途上国に行くと、その点は非常に気を使う。そう考えると、アメリカと日本はずいぶん近いんではないか。ギャップだ、摩擦だとしょっちゅうやり合ってますが、世界的に見ると非常に近いように思えます。

アメリカには日本のことを知っている人がかなり多いけれども、ヨーロッパはそれよりも少ないし、アジアやアフリカの国などには、もっと差があるわけです。いちばん近いアメリカとでもこれだけ問題があるんですから、あとはお察しいただけると思います。ともかくアメリカとは話し合えるんですから、アメリカと日本との関係は、そう悲観したもんじゃない。夫婦みたいなもので、夫婦はいくら話し合ってもケンカしますでしょ。他人ならそんなにケンカもできないわけです」

そして日本がどんな個性をアピールしていけばよいのかを提言し、日本の強みについて再認識させた。

「この〝夫婦〟のたとえでいえば、国際結婚だからよけい難しい、という認識は大事でしょうけれど、私は、アメリカの時代はそう簡単に終わらないということを、しっかり認識すべきだと思います。

アメリカは、試行錯誤を続けながら、ハングリーな部分を抱えて、まだ新しいものをつくっていく荒削りで、若い国です。簡単に衰退してその後に日本が来るなんて甘いことだけは絶対に考えてはいけません。

日本の方は、個性のある人間が飛び出してくることで、日本の次の躍進があると思うんです。ですから、日本の社会で中央の権威的なものがいろいろ崩れ始めているとすれば、けっこうだと思いますね。多様なものがもっと出てきて、そのなかから個性を持った人たちがどんどん出てきて、それを通して世界的な交流が出てくる。

芸術の面では、日本のデザインとか陶芸とか、そういうものにアメリカ人は非常に憧れています。それはそれだけ個性が強い部分だと思います。そういった日本の個性の強い部分が、これからの牽引《けんいん》力になっていくはずです。そういうものをもっとじっくり育て上げていく。社会に余裕があるんですから、テレビとかカルチャーセンターとか、同じ思考パターンをつくるところからは、次の日本の力は出てこないと思います」

すでに二十年近く前に示した見解は現在においても通ずるところがあり、その主張はけっして色褪《いろあ》せてはいない。

九五年八月十五日、『戦後五十年』をめぐるアンケートのなかで、緒方さんは日本の敗戦を〝一種の革命〟ととらえ、この五十年の最大の出来事として〝米国留学〟を挙げた。

緒方さんの著書『戦後日中・米中関係』は、米国と日本の対中国交正常化をめぐる政治過程を比較分析した優れた研究書と評された。日米の関係者の回顧録を含む文献調査に加えて、直接意思決定に携わった日米の多くの政策担当者への取材を行ない、貴重なケーススタディーを提供しているだけでなく、政治学者としてこのような問題に対する実証分析はこうあるべきというような比較外交政策分析の模範《もはん》を示した。

具体的には七一年の「ニクソンと上海コミュニケ」、七二年の「佐藤・田中内閣と国交正常化」、七八年の「カーター政権下の国交正常化」と「福田内閣と平和友好条約」といったテーマについての分析を行い、日米両国の基本的外交姿勢の相違や政策決定過程の特徴を描き出し、その政策的意味合いについて論じた。

第二次大戦で勝者と敗者に分かれた米国と日本は、戦後、大きく異なる対照的な道を選んだ。孤立主義が戦争を招いた、と反省した米国は、国際紛争に積極的に干渉する世界の警察官役を買って出た。自らの侵略が戦争を引き起こした、と悔いた日本は、いかなる国際紛争へのかかわりも極力避け、〝一国平和主義〟の部屋に閉じこもった。

しかし、人道大国となった日本が、これまでのように世界のもめごとに傍観者のままであり続ければ、戦前とは別の意味で批判を受けることになる。

国連が充分機能していないときに〝国連中心主義〟を唱えるのは難しいことではなかった。しかし国連が本領を発揮しようというとき、〝中心主義〟というものの本当の姿が浮き彫りにされる。現在がまさにその時期なのである。日本とアメリカの似たもの同士としての〝夫婦関係〟を見つめ直さなくてはならない。

田中真紀子さんとの微妙な関係

二〇〇一年十二月、外交の世界では知らない者はいない緒方さんに、田中真紀子前外相が〝ひと言申し上げた〟事件が起きた。

発端は、アフガニスタン支援首相特別代表を務める予定だった緒方さんが、翌日の国際シンポジウムの打ち合わせに、田中外相を訪ねたことから始まった。

このシンポジウムには田中外相も出席して英語でステートメントを読み上げることになっていたのだが、田中外相が〝文書の内容を添削してほしい〟と、緒方さんを呼び出した。政府代表という緒方さんの立場を考えた場合、普通は大臣が部屋で待って出迎えるものだが、この日は外務省の定例会見が遅れ、逆に緒方さんを待たせてしまった。おまけに田中外相はバタバタ駆けつけるような感じで大臣室に飛び込んできたのだ。

最初からぎこちない空気を漂わせながら、午前十一時から会談は始まった。緒方さんは淡々とシンポジウムの説明や出席するパネラーの紹介を続けていたが、アフガンの復興支援に話題が移ると、やおら田中外相が身を乗り出して、まくし立てたのだ。

「緒方先生がインタビューなどで発言されているのは知っています。アフガン復興の東京会議はもちろん重要ですが、あまり大風呂敷を広げて、政府が立ち往生してはいけません。日本の負担として復興資金の二〇％という数字が言われていますけど、確実にできることをやっていくという観点からやってもらいたいものですね」

外交の大先輩・緒方さんの言葉尻をつかまえて、〝大風呂敷〟とはいささか出過ぎた感があるが、田中外相の発言は明らかに緒方さんを批判したものだった。

これは、緒方さんが新聞のインタビューなどで、

「アフガンの復興支援には百億ドルかかります」

「これまで日本はさまざまな国際支援活動で二割ぐらいを負担してきたのだから、アフガン支援でも同じくらいの負担はすべきです』

と発言していたからだった。実際に国がアフガン復興費用の二割を出すかどうかは別にして、田中外相が〝大風呂敷を広げるな〟と批判したのは、自分を無視して勝手な発言をするな、とクギを刺したわけだ。

さらに田中外相は、こんな話まで披露した。

「私はアメリカのパウエル国務長官から直接電話をもらっていますし、復興会議のメンバーや今後の復興費用などについても話し合っているのです。東京の会議では具体的な支援金の額を明示してほしいということまで言われたのです」

まるでアフガン復興支援会議の議長をパウエル長官から任されているかのような口ぶりだったという。これにはさすがに、緒方さんもこう進言した。

「東京の会議で示される予算は概算的なものでしかありません。それは世銀がまとめており、どの国がどれくらい負担するかは、これからの問題です。それにパウエルさんの要請は、いわば私的なものだったのでは？」

言葉は柔らかいものの、大臣室は一瞬緊迫した空気に包まれた。

事実かどうかははっきりしない。この日、田中外相が緒方さんを外務省に呼んだ本当の目的は〝アフガン復興支援の東京会議の議長は私がやらせてもらいます〟と名乗りをあげるためだったという。そして、アフガン支援のイニシアチブを緒方さんから奪おうとしたわけだ。そのためにパウエル長官の名前を出したのだが、実は、パウエルから電話をもらって東京会議の相談を受けたことはなかった。本当は、彼女から飛行機に乗っているパウエルに電話をかけたのだ。

田中外相は、そんな嘘をついてでも議長のポストを取ろうとしたのだった。しかし、緒方さんもさすが百戦錬磨《れんま》のネゴシエーターである。田中外相を最後にうまく切り返してしまった。

火がついた田中外相の対抗心

だが、こんなことで諦める田中外相ではなかった。

国連総会やG8外相会議と、官邸から国際会議への出席を阻止されているだけに、アフガン復興支援会議での議長は失点挽回《ばんかい》のチャンスだったのだ。

「アフガンは国際社会から見捨てられた国です。だからみんなで助ける義務があります」

こう持論を掲げて、緒方さんは同時多発テロ事件よりずっと前から難民問題を世界に訴え続けてきた。

その緒方さんがアフガン復興支援会議議長になるのは当然のことだった。しかし、それほどの女性に田中外相が異常に対抗心を燃やし、横槍《よこやり》を入れようとするのは権力欲からだけではなかった。実は緒方さんと田中外相の間には、ある事情が絡んでいた。

二〇〇一年四月、小泉内閣に初の女性外務大臣として田中さんが入閣したが、もともと本当の外相候補は緒方さんだったのだ。

それによると組閣の際、外務省と官邸が緒方さんに白羽の矢を立て、説得を続けた結果、ほぼ内諾《ないだく》まで得ていたというのだ。

緒方さんなら世界中で名声が知られているし、外務省の幹部とも気心が知れている。それに機密費問題の追求も厳しくないだろうという読みもあった。

田中さんは、その時点では経済産業大臣か環境大臣ということで、ほぼ決まりかけていた。ところが、緒方擁立《ようりつ》の情報を知った田中さんは小泉首相に急遽、直談判におよんだ。

「機密費問題の処理と、中国との関係修復は私でないとできません」

こうして土壇場でネジ込みに成功するのだが、本音は自分より偉いポストを他の女性に持っていかれるのが我慢ならなかったのだろうという見方が強い。田中外相が正式に決まったとき、川島裕事務次官や飯村豊官房長（当時）はまったく寝耳に水で、外務省四階にある官房の一室で〝おい、緒方さんのことはどうする〟と真剣な顔で相談していたという。

その緒方さんが、自分を差し置いてアフガン復興支援会議の議長候補として復活してきたのだ。田中外相としては簡単にひき下がるわけにはいかなかったのである。

緒方派だった小泉首相

しかし、当然のことながら、この〝女の闘い〟は田中外相の旗色が悪かった。田中外相はゴネまくった末、どうにもならなくなったら、小泉首相に下駄を預けるつもりだったが、小泉首相は緒方さんを議長にすることで気持ちがほぼ固まっていた。仲間うちでは〝緒方さんを議長にするために、首相特別代表になってもらったんだ〟と明言していたし、緒方さんの補佐として、外務省からわざわざ総合外交政策局の佐々江賢一郎審議官をつけたことからも、官邸の意向は〝緒方議長〟だったのだ。

また、当然のことながら田中外相の膝元である外務省も緒方派一色だった。

実は、外務省は早くから緒方議長を実現するために動いていた。緒方さんと田中外相がやりあった翌日に開かれた国際シンポジウムは、外務省が主催したものだったが、これもアフガン復興支援会議に向けた準備会合である。外務省はこのシンポジウムの議長に緒方さんを据え、本会議でも議長を務めることをアピールする目的があった。

本会議ではタリバン後のアフガンをめぐって各国の思惑《おもわく》が乱れ飛び、激しく利害のぶつかる場になるのは間違いないとされた。

会議はアフガンの隣接国やサウジアラビア、G8などの先進国で構成されているが、十一月の第一回協議から大揉《も》めに揉めた。アメリカは早々に〝われわれは軍事行動で貢献したのだから金を出さない〟と宣言し、代わりに日本に資金を頼ろうと日米共同議長を提案した。しかし、これに反発した欧州諸国が会議を閣僚級から事務レベルに格下げしてしまい、過去二回は事務協議だった。各国とも金を出さずにイニシアチブを取ろうと、それは必死だったのだ。

そんなところに田中外相が出ていったらどうなるか。各国の代表が集まる場に彼女を出して、意見をまとめきれなかったら大失態である。

ホワイトハウスで田中外相は、〝She is not a factor〟と言われていた。つまり、田中外相は外交の〝要素〟ではないということだ。そんな人物がアフガン復興支援会議の議長になったとしたら、国際的な嘲笑の的になること間違いなしだったのだ。この会議は二度と日本で開いてもらえなくなるところだった。

田中外相がどれだけアフガン問題に関心があったのかというと、十月以降の衆議院外交委員会の速記録によれば、田中外相はアフガンについて何の見識も示していなかった。書いてあるのはテロが悪いということだけ。そのような人をアフガン復興支援会議の議長にするなど、最初からおかしな人選だったのだ。

真相はわからないが、充分にありそうな政治の話である。

意地と見栄にこだわってついには墓穴を掘る――日本は世界からバカにされるところだった。

そして、そんなことよりも大事なのは、この国では緒方さんの後継者が見つけにくいことであろう。今後、緒方さんのように世界の尊敬を集めるような逸材は、この国の外務省からはまず現れそうもない。近い将来、この国はこれほどまでの人を輩出できるのか、はなはだ疑問である。

アフガン復興支援会議の成功

各国代表の中央に設置された演壇上、その小柄な日本人女性は、流れるような英語で静かに語り出した。

「『故郷に戻り、家を建て、種まきをし、家畜の飼育をしたい』と話してくれたアフガン難民の明確な言葉に、平和への第一歩を見ました」

緒方日本政府代表のこの言葉で開幕したアフガン復興支援会議は、三十を超える国や国際機関から総額四十五億ドルもの支援を取りまとめ、一月二十二日に閉幕した。

日本最大級の国際会議となったこの舞台で、これが〝国際デビュー〟となったアフガン暫定行政機構のカルザイ議長とともに注目を浴びたのが、議長として会議を見事に仕切って見せた緒方さんだった。

「アフガンの現状を自らの足で見てまわり、それを最前線に立って世界中に伝えてくれた。もはや彼女はアフガンの財産だ」

カルザイ議長の経済顧問であるファラジさんは、彼女をこう讃《たた》えた。また、ある米高官はこう評する。

「ミセス・オガタは、国と国際機関の双方から信用を得ている貴重な人材。彼女がいるといないとでは、支援金の集まりがまったく違っていただろう」

会議では、パウエル米国務長官やアナン国連事務総長などの各国代表も壇上に上がったが、わずか数分のスピーチにもかかわらず、彼らの多くが国際舞台における緒方さんとの関わりについて触れた。

緒方さんは現場に行くことを徹底して大事にし、ルワンダ、旧ユーゴ、カンボジアなど、世界中の紛争地に身を投じてきた。

救った難民の命は五百万人を下らないという。彼女は、あるNGOの人々にとっては〝殿上人《てんじょうびと》〟なのだ。つらい現場でも「誰かが楽観的でなくては」と明るく振る舞い、現場を突き進んでいくのだ。ふだんはあたたかい人だが、交渉事には強気で一歩も引かない。

『平和の国である日本の政治家は現場を知らない』

と言ったこともあった。彼女自身、現場を誰よりも見てきたという自負があった。

一月二十二日、アフガン復興支援国際会議の記者会見では、例の〝NGO会議の締め出し問題〟について質問が出た。

「会議の透明性公開性について聞きたい。NGO会議への参加を取り消されたNGOもある」

緒方さんは英語で答えた。

「これは援助国政府間の会議です。そこを理解してほしいです。国際機関の代表でも発言の機会のなかった人たちもいます。資格取り消しは新聞で読みました。すべての人をすべての場に呼べたらいいのですが、そういかないときもあります」

自分を選んだ外務省の体面は守り、質問も邪険《じゃけん》にしなかった。誰も傷つけなかった。

アメリカ人記者が回答者を指名せず、復興が頓挫《とんざ》した場合の支援金について尋ねた。

「では、まず、私から」

と口火を切ったのは、緒方さんだった。静かに、よどみなく語った。

「私は各地で紛争後に携わってきました。ことはまっすぐに進まず、曲折があるものです。が、私たちが諦めればアフガンの人々が最悪の事態を迎えるのです。根気よく時間をかけること。これは私の一種の哲学でもあります」

彼女の誠実さが充分に伝わった。誰もが、好感を抱くものだった。

彼女の両隣にはアフガン暫定行政機構と欧米政府の代表六人の男性が陣取っており、国際社会後任の〝できる大人の女の完成型〟がそこにあった。

彼女が存在感を示すなか、復興会議では小泉首相と田中外相も同じ舞台に立ってはいた。しかしながら、小泉首相にしても田中外相にしても、党内部でのゴタゴタや外務省との衝突といった部分ばかりを気にしていた。まさに、アフガン復興支援会議は日本の政治家のスケールに合わない会議だった。緒方さんばかりが目立った理由は、彼らの国際舞台での評価が低く、外交上の政治力に欠けていることにほかならなかった。日本の政治家は、難民や国際紛争というやっかいな問題からは常に退きの姿勢だ。

会議の裏では、危うく〝現場を知らない日本の政治家〟の恥をさらす事件も起きていた。政治家からの圧力で、外務省が一部のNGOを会議から締め出していたことが発覚したのである。いつものことながら、田中外相はこの事実を把握しておらず、小泉首相も田中外相に「ゴタゴタしないよう、ちゃんとやりなさい」と注意するに留まった。この際、緒方さんばかりに注目が集まっていたのは当人たちにとっては幸いした。

「日本人にああいう方がおられることを、日本人として誇りに思うべきだ」

会議閉幕後、野上義二外務次官は手放しに緒方さんの功績を称えた。だがこれも、彼女に依存しなければならなかった外務官僚トップの、無責任な発言にしか聞こえなかった。

アフガン支援会議では、ひとまず復興の道筋ができたとされた。とくに日本をはじめとする世界各国から総額四十五億ドル以上もの援助金額を引き出せたことが大きかった。大成功だった、と彼女の評価はさらに高まった。

努力の結果を映した難民たちの笑顔

歴代の高等弁務官のなかで、緒方さんほど現場をまわった者はいない。

「大量の難民が続出した時代だったので、私はどうしてもそういうふうに動かざるを得ませんでした。たいへんなときに働かせていただいたというのは、自分としてはよかったと思っています」

難民と同じくらいの年齢の日本の子供たちに向けて、彼女はこう呼びかけた。

「難民の人たちの故郷で戦争が終わり、自分たちの故郷に帰っていくのを見るのが、いちばんうれしいです。みんな、もっと難民のことを知ってください。そうすれば、きっと難民の子供たちとも友達になれます。そして、自分たちが難民のために何ができるか、考えてみてください。みんなにもできることが見つかるはずです」

難民救済の現場から、新しい支援の枠組みをつくり上げた緒方さんの十年。緒方さんは今後も難民問題に関わっていきたいと考えている。

「民族が独自の主義と権限の確保ということで動いている限りは、問題は解決しないのです。

それは国家や政治を超えた問題です。コソボの独立などはまだ政治的な課題としてまったく解決がついていません。国連の行政というのは、それまでの時間を買うことを意味しているのでしょう。人間と人間の争いというのはそんなに簡単に解決しないのです。時間が必要なのです。その時間を買う間のさまざまな対策、支援、それをどこまできちんと国際社会が見ていくかということだと思います」

「基本的な人権と言われますが、人権のもっとも基本的なことは安全の保障であり、それから基本的な経済、社会原理の実現であり、それを難民というきわめて限定されたような状況のなかでどれだけ守るかということです。守るためにはそばにいないといけません。彼らとのコミュニケーション、彼らの安心感や信頼感を得なくてはならないから現場に人がいなくてはならないのです」

二〇〇〇年十月、緒方さんにとって任期中最後となるUNHCR執行委員会では、

「何が十年間の最大の成功で、最大の失敗だったかとしばしば聞かれます」

と難民問題に懸けたこの十年を振り返って、世界の人々に呼びかけた。

「故郷に戻り、手をたたいて喜ぶ人々。死にゆく子供たち、助けを求める年老いた女性——難民たちの表情に私たちの成功と失敗が刻み込まれています。成功には勇気づけられました。人々の苦しみに接するたび、沸き上がった怒りと悲しみがこの仕事を続ける原動力でした。家

を追われ、貧困に苦しむ難民を支援するために最前線で闘ったすべての人々に尊厳を。そして誰よりも難民に尊厳を」

緒方さんにとっては、難民たちの表情がすべての努力の結果を映し出す鏡だった。

新しい女性首相の誕生

森政権の末期、官民の有志が〝緒方さんを首相にする会〟をつくったと報じられたことがある。その際、首相になる気はあるかとの問いに、いつものように彼女の答えは簡単だった。

「冗談じゃありません。餅は餅屋です」

緒方さんが日本の首相になってみてはどうかと、いまも考えている官僚がいる。

〝首相にしたい人〟ランキングの筆頭は常に長嶋茂雄さん、政治家では石原慎太郎さん。彼らと比べれば確かに庶民への知名度という点では高いとはいえない緒方さんだったが、偉大な功績においては彼らに勝るとも劣らない。

「彼女はまず七十四歳で権力に固執《こしつ》しない。しかもこれからの首相の仕事は大掃除。学者の論理性と先例にとらわれない彼女なら、是々非々《ぜぜひひ》で切り抜けるはずです。非常な痛みを伴う大手術だけに、心の荒《すさ》んだ難民を自立させてきた彼女こそふさわしい。石原さんでも小泉さんでも、対立を煽《あお》る人では傷ついた日本は耐えられません。下手な選択をすれば日本は孤立し、それこそ〝平時における敗戦〟を迎えてしまう」

二〇〇〇年、この官僚は緒方さんと二回会った。彼女は一言一句漏らさず耳を傾けたうえで、何も返答しなかった。UNHCRでの激務の十年を過ごした後のこの誘いは彼女にとって〝途方もないこと〟に聞こえた。国連の人道問題担当事務次長だった明石康さんも、輝かしい経歴が日本では通じず、都知事選に出馬して敗北を喫した。

その官僚は、まだ諦めていない。

二〇〇一年春の叙勲で、緒方さんは〝勲一等瑞宝章〟の打診を受けたが、あっさりと辞退した。格が不満なのではなかった。

「勲章は仕事を終えた人が浴する栄誉でしょう」

というの緒方さんの言葉は、まだやるべき仕事があることを意味していた。

二〇〇一年五月、本人は無言のまま渡米の途についた。ニューヨークで〝フォード財団研究員〟という新しい肩書きを持ち、執筆に専念した。

この国に女性首相が誕生する可能性はけっしてゼロではない。

［参考文献］

『読売ぶっくれっと　地球社会　生命と文化の視点　21世紀への対話』『国際協力を仕事として　開発・人道援助に飛び立つ女性たち』『日経ビジネス』『AERA』『週刊ポスト』『女性自身』『週刊女性』『朝日ジャーナル』『文藝春秋』

おわりに●「冷戦は終わっても歴史は終わらなかった」――世界が頼る七十四歳の母

二〇〇〇年、緒方さんは最後のＵＮＨＣＲ執行委員会で、就任した九一年に〝冷戦で勝利した自由主義世界が早期に世界新秩序を生む〟と展望して各国でベストセラーになったフランシス・フクヤマ氏の著書『歴史の終わり』を例に挙げ、

「ある学者が予言したようには歴史は終わらず、時代は複雑になりました」

とスピーチの冒頭で述べた。いくら時がすぎても普遍的な幸福を得ることができない人間の愚かさは、けっして変わることはない。彼女は私たちの身のまわりに当たり前としてある幸福の本質とは何かを考えさせた。

二〇〇二年一月には、見事な手腕で参加各国から四十五億ドルの支援を取りまとめ、アフガン復興会議を成功させた。

外務省が〝田中真紀子VS鈴木宗男バトル〟で機能低下した同じころ、国中で〝緒方さんこそ日本の実質的外相だ〟という声がいっそう高まった。また実際に、緒方さんを外相にという声が、関係者の間で盛り上がった。

緒方さんは、かつて国際社会でただ一人、世界に認められた日本人外交官である。

二〇〇二年、緒方さんは小泉首相の懸命のラブコールがあったにもかかわらず、外相就任要請をついに受けることはなかった。

「いましている仕事を、外相に就任することによって放棄することはできません」

という事情があった。

これまでも緒方さんには小渕内閣以来、外相就任要請が再三あった。しかし、彼女は首を横に振り続けてきたという経緯がある。

そしてさらには、企業人や文化人、官僚たちが、前回の参院選の際に、緒方さんを首相にすべく具体的な行動がなされた。しかし、緒方さん自身は無言のままだった。

次の参院選は二年後の二〇〇四年、緒方さんは七十六歳だが、そのときまでにいまのアフガン問題担当職を充分に果たせるだけの体力と気力があれば、周囲の声は再び大きなうねりとなって擁立につながる可能性が充分にある。

日本にこれほど世界から評価された〝華麗なる国際人〟がいることは誇り高い。彼女の徹底した現場主義や、人類愛をもって国際世論を動かす論理、先例にとらわれない柔軟性が国連での業績につながった。彼女にとって重要なのは権威ではなく、自らの信念と理想に忠実に動ける場だ。ただし、外相は議員でなくても任命可能だし、彼女をとりまく状況次第では近い将来、緒方外相の誕生も考えられなくもない。少なくとも、彼女を否定する者は皆無であることは間違いない。

迷走する日本は、もはやこの女性に頼らざるを得ないのか。〝人間のあり方〟というもっとも大切なことに懸けた彼女の人生は、けっしてまだ終わっていない。

二〇〇二年三月

黒田龍彦

黒田龍彦
Tatsuhiko Kuroda

1962年東京都生まれ。早稲田大学第一文学部卒。出版社勤務を経て、ジャーナリストとして国際文化研究を行う。アジア各国で発行される日本人向け月刊誌など多くの現地誌に寄稿。

緒方貞子《おがたさだこ》という生《い》き方《かた》

二〇〇二年四月 四 日［初版第一刷発行］
二〇〇二年九月一〇日［初版第九刷発行］

著　者――黒田龍彦《くろだたつひこ》

発行者――栗原幹夫
発行所――KKベストセラーズ
東京都豊島区南大塚二丁目二九番七号
〒一七〇-八四五七
電話＝〇三-五九七六-九一二一
振替＝〇〇一八〇-六-一〇三〇八三
http://www.kk-bestsellers.com/
印刷所――株式会社ダイトー
製本所――ナショナル製本協同組合

ISBN4-584-15943-2